RAB. AVI AMSALEM

ILUMINANDO
EL PROPÓSITO DE LAS
MITZVOT

EDICIÓN
PÉREZ MADURO

Primera edición: septiembre de 2020
© Avi Amsalem
Diseño de portada y diagramación: Miguel Ángel Rodríguez
Cuidado de la edición: Fanny Díaz
ISBN: 978-958-49-0191-0
Impreso en Colombia

DEDICATORIA

La Guemará (*Taanit* 23A) nos relata sobre el sabio Honi, quien vio a una persona sembrando un árbol de algarrobo y le preguntó: "¿En cuánto tiempo este árbol da frutos?". "En 70 años", le contestó quien sembraba, y el sabio replicó: "¿Quién te asegura que vas a vivir 70 años?". El hombre respondió: "No lo siembro para mí sino para mis hijos, de la misma manera que mis padres lo sembraron para mí".

En este relato nuestros sabios nos aclaran lo que nos dice la Mishná, que debemos actuar de la mejor forma en todos los aspectos de la vida, y aunque no siempre vamos a ver los resultados y los frutos, esto no tiene que impedir que sigamos sembrando.

Quiero dedicar este libro a la memoria de **Leon Yehuda (Lio) Perez Z"L**, que siempre expresó en su vida este mensaje, transmitiendo la ambición positiva en el aspecto profesional, espiritual y tradicional. Que siempre incentivó a seguir sembrando y actuando para lograr lo máximo de nosotros, como él lo hizo, pero quien también dejó muchas semillas sembradas para que nosotros siguiéramos cosechando hoy en día.

Que su memoria sea recordada siempre para Bendición entre nosotros. Amén.

DEDICATORIA

La Guemará (*Taanit* 23A) nos relata sobre el sabio Honi, quien vio a una persona sembrando un árbol de algarrobo y le preguntó: "¿En cuánto tiempo este árbol da frutos?". "En 70 años", le contestó quien sembraba, y el sabio replicó: "¿Quién te asegura que vas a vivir 70 años?". El hombre respondió: "No lo siembro para mí sino para mis hijos, de la misma manera que mis padres lo sembraron para mí".

En este relato nuestros sabios nos aclaran lo que nos dice la Mishná, que debemos actuar de la mejor forma en todos los aspectos de la vida, pero aunque no siempre vamos a ver los resultados y los frutos, esto no tiene que impedir que sigamos sembrando.

Este libro es dedicado a la memoria y para la elevación del alma de **Sophie Dayan Z"L**, quien a pesar de haber fallecido a una temprana edad dejó huellas profundas e inolvidables recuerdos en quienes tuvieron la suerte de conocerla. Fue una hija, hermana, esposa, madre y amiga ejemplar. Se destacó por sus actos de bondad, su generosidad y su trato siempre amable y cariñoso con todos. Su recuerdo y sus enseñanzas seguirán por siempre en sus hijos y nietos. Con mucho cariño, Alberto y Perla Douer Sammy y Margie Azout David y Paulette Kassin.

Este libro está dedicado a la memoria de **Hilda Douer Z"L**. Su fortaleza, su amor incondicional y su entrega han sido un ejemplo para todos los que la conocieron.

Su esposo, hijos, nietos la llevan en su corazón siempre.

INTRODUCCIÓN

La Torá, según la tradición judía, tiene 613 *mitzvot* (preceptos), que abarcan toda nuestra vida y cada momento de ella. Muchas veces nos concentramos en cuál *mitzvá* hay que cumplir o cómo hay que hacerlo, pero muy pocas veces nos preguntamos por qué D-os nos ordenó esta *mitzvá* o prohibió esta acción. Sin embargo, es muy importante hacerse esta pregunta para poder encontrar el mensaje y moraleja que D-os quiere transmitirnos por medio de las *mitzvot* y así interiorizar los mensajes y aplicarlos en nuestra vida personal, colectiva y cotidiana.

La Mishná (*Makot* 3,16) dice en nombre de rabí Jananiá que el propósito de las *mitzvot* es purificarnos y perfeccionarnos para convertirnos en personas más espirituales, éticas y correctas, pero sin entender el porqué es muy difícil lograrlo.

En su libro *Guía de los perplejos* (parte 3, capítulo 31) Maimónides dice que todas las *mitzvot* tienen explicación y nos llevan a por lo menos uno de los tres propósitos siguientes:

- Adquirir un pensamiento y perspectiva correcta y adecuada de la vida.
- Hacernos adquirir una buena cualidad.
- Alejarnos de los defectos y mala conducta.

Este libro reúne las *mitzvot* más comunes y aplicables en nuestra vida, cuya razón no es tan clara y obvia, y trata de explicarlas y resaltar el profundo mensaje de cada una de ellas. Así podremos aprovechar las *mitzvot* y tener la posibilidad de aplicar su moraleja en nuestra vida propia, para purificarnos, perfeccionarnos y elevarnos en todos los aspectos.

SHOFAR

"En el séptimo mes en el primer día (…) será el día de toque del *shofar*" (*Números* 29,1).

La principal *mitzvá* de Rosh Hashaná es oír el sonido del *shofar*. ¿Qué sentido tiene esta *mitzvá*? Dicen nuestros sabios que la palabra *shofar* se refiere al verbo *leshaper*, que significa *mejorar*, es decir, que el *shofar* y su sonido tienen que causar un mejoramiento y una reflexión en mí.

El *shofar* tiene dos características principales: es totalmente natural y su sonido es interno. Para que el *shofar* sea *kasher* necesita ser completamente natural, sin adornos ni arreglos; todo esto para mantener su sonido original, ya que un arreglo puede causar un cambio de su sonido, en cuyo caso ya no sería *kasher*. Esto simboliza la necesidad de ser transparente y honesto consigo mismo, pues para que algo pueda causarnos un mejoramiento y reflexión lo primero es ser uno mismo, evitar el autoengaño. Así uno conoce su *yo verdadero*, para poder recapacitar y llegar al mejoramiento en su persona. Para eso tiene que ser *original y natural*, como el *shofar*, para ser capaz de sacar la voz particular y verdadera.

De acuerdo a lo anterior, se puede entender la segunda característica del *shofar,* que es el sonido interno. El *shofar* nos permite sacar de nosotros el "sonido interior", es decir, nuestro ser verdadero. Cuando interiorizamos el sonido del *shofar* expresamos nuestro propio sonido, especial y particular, y esta expresión personal viene del fondo de nuestro ser y no de la parte exterior. Así nos concentramos en nuestra interioridad y no en la apariencia externa.

Rab Kuk explica que los sonidos del *shofar* empiezan y terminan con un sonido recto y en la mitad hay sonidos cortados, que representan las acciones y las cualidades. Sin embargo, el sonido recto representa la rectitud a la cual tenemos que aspirar y adquirir. De esta manera el *shofar* nos lleva a un mejoramiento y reflexión de acuerdo a la rectitud y la verdad.

TASHLIJ

"Se acostumbra a ir al río y decir el versículo 'y arrojarás todos los pecados en el mar' (*Mija* 7,19 …)" (*Shulján Aruj* 583,2).

En Rosh Hashaná es costumbre hacer *Tashlij*. En este ritual vamos a un río o fuente de agua y ahí recitamos un rezo y sacudimos la ropa, que simboliza "sacudir" nuestras faltas y errores.

En el día de Rosh Hashaná coronamos a D-os como el Rey del Universo. Esto implica un compromiso de parte nuestra con el legado que D-os nos entregó, pero muchas veces tenemos "capas" causadas por nuestras faltas, que no nos dejan ver la verdad ni lo correcto. Por eso, vamos a una fuente de agua pura y no manipulada, y "botamos los pecados", lo que significa que queremos conseguir y lograr nuestra pureza personal en todos los aspectos para que se parezca a la pureza del agua, que representa purificación y limpieza espiritual.

A veces el instinto negativo nos manipula diciendo que nuestras faltas son esenciales y fijas en nosotros, que no podemos purificarnos y corregir lo equivocado, pero por medio de este ritual nuestros sabios nos hacen entender que siempre es posible la pureza y la corrección.

Este ritual nos enseña que siempre está en nuestras manos rectificar, que el error y la falta no son esenciales sino exteriores a nuestro ser, y se pueden quitar igual que una mancha sobre la ropa. ¿Cómo se logra? En el momento que sacudo mi ropa y reconozco que tengo errores y faltas, los llevo a mi conciencia y así puedo enfrentarlos y corregirlos.

Con este trabajo interno puedo quitarme las "capas" y ver la verdad y lo correcto, para aplicarlo de una manera más profunda y pura a mi compromiso con el judaísmo y con mi identidad y pertenencia.

SUCÁ

"En la *sucá* (cabaña) habitarán siete días" (*Levítico* 23,42).

En la fiesta de Sucot la principal *mitzvá* es habitar en la *sucá* los siete días de la fiesta y convertirla en nuestra casa durante ese tiempo. La *sucá* representa principalmente dos cosas:

Paz y armonía: en el rezo de Shabat decimos "D-os extienda sobre nosotros una cabaña de paz", es decir, que la cabaña representa la paz. En Sucot cada uno sale de su casa fija, de su "refugio", a una casa "débil". Este acto permite la paz y armonía entre nosotros. Cuando nos encerramos en nuestra propia casa, esto causa una separación y división que a veces impide la paz, pero salir de nuestro espacio privado a un lugar más abierto y público nos permite recibir a nuestros semejantes en forma agradable y posibilita la paz y armonía.

Protección: luego del rezo de Shabat decimos "D-os extienda sobre nosotros una cabaña de paz y nos proteja". De allí surge la pregunta: ¿acaso la cabaña es un elemento de protección, si la lluvia puede penetrar en ella y con un viento fuerte puede caer?

El rezo nos enseña que lo que protege no es la cabaña física, sino lo que esta representa: la tradición, los valores, la armonía y la unión. Aunque tengamos dificultades materiales, con nuestro espíritu y los principios tenemos las herramientas para superar los conflictos, y así hemos logrado protegernos de los "vientos" en el transcurso de nuestra historia.

CUATRO ESPECIES

"Y tomarán para ustedes en el primer día (de la fiesta de Sucot)… cuatro especies" (*Levítico* 23,40).

La Torá nos ordena tomar cuatro especies en la fiesta de Sucot: etrog, palmera (lulav), mirto y sauce. Las cuatro especies crecen con mucha agua y la necesitan. Nuestros sabios dicen que en esta fiesta se fija la cantidad de agua y lluvia que va a recibir el mundo en el año siguiente. El agua representa la abundancia y el sustento, y sobre esto se juzga el mundo y la humanidad en la fiesta de Sucot.

Nuestros sabios dan asimismo otras explicaciones con respecto al significado de las cuatro especies: la comparación con los órganos del cuerpo de acuerdo a sus formas y los diferentes grupos en la sociedad judía.

Comparación con los órganos del cuerpo

El mirto: representa los ojos. Debemos tener una visión positiva y correcta sobre uno mismo, sobre el prójimo y sobre el universo.

El sauce: representa los labios. Debemos usar la boca con palabras amables, correctas y positivas, nunca negativas.

El etrog: representa el corazón. Tenemos que purificar nuestro corazón para tener sentimientos positivos y visión correcta.

La palmera: representa la columna vertebral. Significa la firmeza en la vida para defender y mantener los valores y principios.

En el momento que tomamos las cuatro especies unimos los cuatro órganos —ojos, labios, columna vertebral y corazón—, los purificamos, los guiamos y los utilizamos en forma correcta y pura.

Diferentes grupos en la sociedad judía

En las cuatro especies hay dos características: sabor y olor. El sabor representa la Torá y los preceptos; el olor representa las obras de caridad.

El mirto: tiene buen olor, que significa buenas acciones, pero no tiene sabor, es decir, que no tiene conocimiento de Torá ni práctica de los preceptos.

El sauce: no tiene ni sabor ni olor. Representa a la persona que no tiene estudio de Torá ni buenas acciones.

El etrog: tiene sabor y olor. Son las personas que tienen buenas acciones, conocimiento de Torá y cumplimiento de preceptos.

La palmera: tiene sabor, pero no tiene olor. Son las personas con Torá y preceptos, pero no tienen buenas acciones.

La Torá nos dice que para poder cumplir esta *mitzvá* hace falta tomar las cuatro especies y amarrarlas juntas, es decir, que no se puede excluir a nadie en el pueblo de Israel, incluso a quien no tiene "ni olor, ni sabor". Solo cuando todas estén incluidas y unidas pueden presentarse delante D-os.

Los movimientos de las cuatro especies

Durante la festividad de Sucot hacemos la bendición sobre las cuatro especies y realizamos movimientos con ellas en las seis direcciones, en el siguiente orden: sur, norte, este, arriba, abajo, oeste. ¿Cuál es el significado de los movimientos que hacemos?

Antes de explicar los seis movimientos hay que entender que los seis movimientos, que son las seis direcciones, siempre forman un volumen y hay un punto séptimo central, que da el sentido y contenido a cada volumen. Según el Maharal de Praga, el número 7 significa contenido. En el judaísmo vemos que este número se repite mucho, siete días de la semana, siete días de fiesta, etc.

En nuestro caso, hay movimientos en seis direcciones y el hombre está en el centro, lo que representa el punto número 7, que simboliza cómo puedo llenarme de contenido positivo y realizar mi potencial de la mejor forma.

Para entender el significado de cada dirección, vamos a relacionarlo con la posición de los objetos en el Templo y así vamos a entender cuáles son las condiciones para lograr lo anterior.

Empezamos con el primer movimiento, que es al sur. Ahí estaba ubicado el candelabro, que representa la sabiduría, como dice la Guemará: "Quien quiera adquirir la sabiduría que se dirija al sur"

(*Baba Batra* 25b). El candelabro simboliza la sabiduría debido a sus seis brazos, que representan las seis sabidurías, las cuales están todas dirigidas al brazo central, que es el de la Torá. La vela también representa la "luz" que compartimos, que es el conocimiento, y aunque lo comparto esto no disminuye su llama, sino lo contrario. La Mishná dice: "¿Quién es el sabio? Aquel que aprende de cada persona" (*Avot* 4,1), es decir, que la primera condición es la sabiduría.

Seguimos con el movimiento hacia el norte. Ahí se encuentra la mesa, que representa la abundancia y riqueza, como dice la Guemará: "Quien quiera riqueza que se dirija al norte" (*Baba Batra* 25b). La riqueza es cuando la persona está contenta y satisfecha con lo que tiene, como dice la Mishná: "¿Quién es rico? Quien está contento con lo que tiene" (*Avot* 4,1), es decir, que no es codicioso ni obsesivo, sino que aprecia lo que tiene y crece en forma correcta. La segunda condición es riqueza espiritual, que es satisfacción con lo que se tiene.

El próximo movimiento es al este (oriente). Allí está ubicado el altar, que representa conexión y unión. El fuego que está en el altar representa soldar dos elementos; esto se refiere a la unión del hombre con D-os, es decir, solo después de adquirir sabiduría y riqueza positiva puede uno conectarse con D-os.

Después hay movimientos hacia arriba y abajo, lo que representa la acción y la reacción. En el judaísmo vemos que cada acción nuestra tiene un efecto y reacción en el mundo celestial, igual como lo ve el patriarca Jacob en su sueño cuando tiene la visión de ángeles subiendo y bajando por la escalera, lo que significa que nuestras acciones generan una energía positiva. Cuando los ángeles suben, causan la bajada de otra energía, de otros ángeles positivos. Estos movimientos nos hacen fijarnos en la responsabilidad que tenemos en y sobre nuestras acciones.

Por último dirigimos los movimientos al oeste (occidente). Ahí se encuentra el arca con las Tablas de la Ley, que significa que después de adquirir todo lo anterior se puede estudiar y practicar lo que está en la Torá en forma correcta.

Es resumen, las condiciones son: sabiduría, riqueza espiritual, unión con D-os, entender la consecuencia de nuestras acciones, practicar la Torá en forma correcta, y todo esto con el ser humano en el centro dándole el contenido y orientación adecuados.

MATZÁ

"Siete días comerás *matzá* (pan ácimo)" (*Éxodo* 12,15).

La Torá nos dice que en la fiesta de Pésaj hay que comer *matzá* y está prohibido comer *jametz*. ¿Cuál es el significado? La *matzá* simboliza la salida de Egipto, cuando el pueblo de Israel salió de la esclavitud a la libertad.

¿En qué consiste la libertad? Que una persona sea libre no significa que puede hacer lo que quiera, al contrario, la libertad implica ser fiel a nuestros valores y principios y hacer lo que es correcto de verdad. Cuando alguien hace cosas por presión social o algo similar, entonces no es libre sino que está sometido a la voluntad de los demás y no está haciendo lo que él cree.

Uno de los obstáculos hacia la libertad es la tentación y la arrogancia; cuando uno se deja dominar o manipular por estos obstáculos está amarrado y esclavizado por ellos.

Estos obstáculos se representan por la fermentación del pan, la cual simboliza el instinto negativo y la arrogancia. Por eso la Torá nos ordena comer *matzá*, porque en la producción de este alimento se controla la fermentación, que significa controlar la tentación. Pero hay un requisito en la *matzá*, y es que tiene que ser de los cinco granos que fermentan: trigo, cebada, espelta, avena y centeno. Surge una pregunta: si queremos evitar la fermentación, ¿por qué utilizamos estos granos? ¿Por qué no hacemos la *matzá* de alimentos que no fermentan?

La Torá quiere enseñarnos que la idea no es eliminar totalmente la fermentación sino controlarla, es decir, que en la vida no hay que suprimir la tentación al punto de no querer hacer nada, sino que hay que controlarla y guiarla de la mejor forma. Lo que hace que crezcamos y progresemos en la vida en todos los aspectos es la voluntad de controlar la tentación y mediante esta disciplina alcanzar resultados y objetivos positivos.

La Mishná nos pregunta: "¿Quién es el fuerte? El que domina su instinto" (*Avot* 4,1). En la *matzá* no anulamos el instinto, sino que lo controlamos, porque sin este instinto no hay progreso. Controlarlo es el verdadero progreso positivo.

CIRCUNCISIÓN

"En el octavo día se hará la circuncisión" (*Levítico* 12,3).

La Torá nos dice que el pacto de D-os con el pueblo de Israel se cerró mediante la circuncisión. Surge la pregunta de por qué se hace el pacto a una edad tan temprana, y por qué en un lugar tan sensible y delicado.

El pacto de D-os con el pueblo de Israel exige un comportamiento y compromiso con una forma de vida con valores y principios. Este compromiso se refleja mediante la circuncisión.

Primero por el hecho de hacerla a los ocho días del nacimiento, antes de que el niño tenga uso de razón, para enseñarnos que el pacto de D-os con el pueblo judío es incondicional de su parte y del nuestro. Hay un compromiso que no depende de las circunstancias, sino que en el momento que Abraham hizo el pacto con D-os fue un compromiso mutuo e incondicional.

Cuando Moshé va por orden de D-os a liberar al pueblo de Israel de Egipto, la Torá nos relata que vino un ángel y quiso matarlo, hasta que su esposa Tzipora entendió que todo esto fue a causa de no haberle hecho la circuncisión a su hijo, por eso lo hizo ella y así se salvó Moshé. Es muy difícil entender cómo puede ser que

Moshé no haya hecho la circuncisión a su hijo. De acuerdo a lo que explicamos, la razón por la cual D-os se molestó con Moshé no fue por el hecho mismo, sino porque este no llevó el concepto de la circuncisión con él para redimir al pueblo de Israel. Porque siempre buscó justificaciones a su libertad y no entendió que cuando D-os lo decidió entonces no hay que buscar justificación, puesto que el pacto y la relación de D-os con el pueblo de Israel son incondicionales.

De otro lado, una de las tentaciones más grandes que tiene el ser humano es el instinto sexual. Por medio de este precepto nos dice la Torá que la vida que el judaísmo nos exige es una vida de autocontrol y disciplina, y esto se refleja en la circuncisión, es decir, la vida nos presenta muchas tentaciones que debemos saber cómo controlar y superar.

El hecho de hacer el pacto en el miembro de la procreación quitando el prepucio nos enseña que este pacto nos exige un comportamiento de superación, autocontrol, valores y principios.

EL NERVIO CIÁTICO

"Por eso no comerán los hijos de Israel el nervio ciático" (*Génesis* 32,33).

La Torá nos relata que el ángel de Esav peleó con Yaacov y al ver que no pudo vencerlo lo hirió en el nervio ciático. La consecuencia de esta pelea, según la Torá, es la prohibición de comer el nervio ciático (aunque Maimónides dice que esta no es la causa principal, sino que D-os lo prohibió y la Torá lo relacionó con la pelea de Yaacov con el ángel de Esav).

¿Qué representa el nervio ciático? El nervio ciático es duro y no tiene sabor. Nuestros sabios nos enseñan que la alimentación influye en nuestra personalidad; de acuerdo con esto, como el nervio es duro y sin sabor representa una vida rígida y no flexible para sacrificar cosas menos importantes por otras más significativas. Para defender principios y valores no hay que ser "duro", sino poder ablandarse y conocer nuestras prioridades, para así encontrar el "sabor" en lo que creo. En la vida judía uno tiene que hacer un orden de prioridades correctas para ver qué sacrifico y para qué.

El ángel de Esav es el enemigo de Yaacov, el obstáculo a su

crecimiento. El hecho de haberlo herido en el nervio ciático perseguía ponerlo cojo, para que no pudiera caminar. Los pies simbolizan la aplicación de las ideas y principios, y "el ángel de Esav" trata de evitar esta aplicación y ejecución en la vida real, es decir, que el nervio ciático representa el obstáculo que quiere impedir la aplicación de las ideas. A Esav no le importa que Yaacov tenga ideas elevadas, lo que le molesta es su aplicación y ejecución en la vida cotidiana; por eso lo hirió en el pie, que representa el caminar y avanzar.

Para nosotros este nervio representa el no avanzar en nuestro progreso y crecimiento por medio de llevar a cabo nuestras ideas en la vida real y cotidiana. Por eso la Torá nos prohibió su consumo.

"No pondrás *shaatnez*, lino y lana, juntos" (*Deuteronomio* 22,11).

La Torá nos ordena que no podemos mezclar en nuestras prendas lino y lana juntos, en la misma forma que no podemos cruzar las especies de frutas o animales. ¿Cuál es la lógica de esta prohibición?

De acuerdo al judaísmo hay una *mitzvá* de participar en el progreso y mejoramiento del mundo, como lo determina el versículo "El mundo que D-os creó para hacer" (*Génesis* 2,3). Significa que D-os creó el mundo para que nosotros lo mejoremos y perfeccionemos, por esto no limitó al ser humano de tener inventos y tecnología, etc. Entonces, ¿por qué no permitió algo aparentemente tan simple?

Explican nuestros sabios que por el hecho de participar en el mejoramiento del mundo y su progreso existe la preocupación de que el hombre se sienta el dueño del mundo y olvide que hay un creador del mundo, que es el amo, llamado D-os. Por eso nos dice la Torá que no hay que limitar la participación del hombre en el progreso del mundo, excepto la mezcla de lana y lino y las especies de frutas y animales, para dejar algo en la creación que el hombre no pueda modificar. Esto para hacernos entender que al final hay un solo dueño del mundo. Es igual a una fábrica que tiene un gerente que puede desarrollar lo que quiera, pero cuando quiere gastar algo o confirmar un proyecto necesita la firma del jefe, y aunque el jefe le dé libertad de desarrollo, esto hará entender al gerente que finalmente el jefe es el dueño de la fábrica.

De acuerdo a lo anterior, ¿por qué en la vestimenta del *cohén* (sacerdote) y también en el *tzitzit* se puede mezclar lino y lana? Porque, según lo que explicamos anteriormente, esta prohibición es para recordarnos y hacernos entender que D-os es el amo del mundo. Cuando tenemos puesto el *tzitzit* no hay el riesgo de que la persona olvide al amo del mundo, porque el objetivo del *tzitzit* es recordarnos la presencia divina. De igual manera con el *cohén*, porque él se pone la vestimenta para el servicio en el Templo y allí no hay riesgo de que él pueda pensar que él es el amo del mundo, sino que va a ser muy claro para él que D-os es el amo del mundo.

En resumen, la prohibición de la mezcla de lana y lino es para que siempre tengamos presente que, aunque participamos en el mejoramiento del mundo por orden de D-os, el amo del mundo es D-os y no el ser humano.

"(…) y retornarás hasta D-os tu D-os y obedecerás sus preceptos. Él, en Su infinita misericordia no te abandonará (…)" (*Deuteronomio* 4,30-31).

Uno de los principales conceptos del judaísmo es la *teshuvá*, el arrepentimiento. ¿Qué significa la *teshuvá* y cómo se puede corregir el pasado o algo que ya está hecho?

El profeta Isaías nos enseña que el error y la falta es algo externo a nosotros, no interno ni esencial: "(…) te quitaré las ropas sucias y te pondré ropa limpia" (*Zacarías* 3,4). El profeta se refiere a la conducta del ser humano: las faltas son la ropa sucia y se pueden cambiar por ropa limpia. Esto significa que los errores son externos y por eso se pueden "quitar" mediante el arrepentimiento, limpiándose y purificándose. Este proceso de rectificación no incluye solo los preceptos entre D-os y nosotros, sino también los errores entre uno y su prójimo. Cuando se entiende que la esencia del otro es pura y solo cometió errores externos a él, entonces hay posibilidades de perdonar y hacer "borrón y cuenta nueva".

Pero todavía falta explicar cómo corregimos el pasado al punto que la Guemará dice: "Si hace *teshuvá* de amor los pecados se convierten en *mitzvot*" (*Yoma* 86b). ¿Cómo es posible?

Nuestros sabios explican que cuando uno hace *teshuvá* de amor significa que no tiene miedo ni angustia de ver sus errores del pasado, entonces, se pueden utilizar incluso los errores cometidos en el pasado para crecer espiritualmente en el presente y progresar. Los pecados que anteriormente le causaron bajar en su nivel espiritual, ahora los utiliza para crecer mediante la reflexión y recapacitación; entonces, se consideran *mitzvot*.

Vemos que tal es la fuerza del arrepentimiento, que nos permite corregir y utilizar el pasado para crecer y avanzar hacia el futuro. Esto nos enseña que no hay que temer el error. Obviamente hay que tratar de disminuir los errores, pero si ya cometimos un error no hay que decaer, sino levantarse y ver cómo se utiliza incluso el error para aprender la lección, y crecer y progresar.

Tzitzit

"Fimias pondrás en las cuatro esquinas de tu ropa" (*Deuteronomio* 22,12).

La Torá nos ordena que a toda ropa nuestra que tenga cuatro esquinas hay que ponerle fimias (*tzitzit*) en las esquinas, formadas de cuatro hilos con cinco nudos cada fleco. ¿Cuál es el significado?

La Torá dice: "Y verán las fimias y recordarán las *mitzvot* de D-os" (*Números* 15,39). Según el versículo, la *tzitzit* es para recordarnos las *mitzvot,* es decir, D-os escogió un elemento que todos utilizamos y llevamos siempre a cualquier lugar, la ropa, entonces nos indica que en este elemento hay que poner fimias para recordarlo a él y sus preceptos.

En otras palabras, la *tzitzit* es una prenda que nos hace recordar permanentemente quiénes somos y cuál es nuestro compromiso, según el cual tenemos que comportarnos. Las fuentes rabínicas están llenas de relatos de personas que casi cometieron errores graves, pero, gracias a ver la *tzitzit,* recordaron quiénes eran y cuál era el comportamiento deseado para ellos.

La Torá nos dice que uno de los hilos de la *tzitzit* tiene que ser de color celeste y la Guemará (*Menajot* 43a) dice que el color celeste se parece al color del mar y el color del mar se parece al color de los cielos y el color de los cielos al color del trono de D-os. ¿Por qué la Guemará no nos dice directamente que el color celeste del hilo de la *tzitzit* se parece al trono de D-os?

La idea es que, como mencionamos, la *tzitzit* nos hace recordar nuestro compromiso con nuestra tradición e identidad y de acuerdo a este compromiso elegimos nuestras acciones, pero el proceso es de abajo hacia arriba; es decir, que el hilo se parece al mar, que se dirige a los cielos, y estos al trono de D-os. Esto nos hace entender la importancia y el efecto de nuestras acciones, las cuales suben y causan una reacción hacia arriba, que se refleja hacia abajo y hacia nuestro mundo.

PROCREACIÓN

"Y ustedes se procreen y se multipliquen en la tierra" (*Génesis* 9,7).

La primera *mitzvá* de la Torá es la procreación y la multiplicación. Surge la pregunta de por qué la Torá comienza con una orden tan carnal y física. Con esto la Torá nos enseña que el judaísmo no es una vida para escapar del mundo y aislarse, sino, al contrario, conectarse con él y saber cómo utilizarlo y santificarlo.

Según algunas religiones, las relaciones íntimas son un acto material e incluso prohibido. El judaísmo opina que es un acto espiritual que representa la unión de dos almas y le da un significado divino. Cuando la Torá habla de unión entre hombre y mujer utiliza un término intelectual, espiritual: "y supo" y "conoció", que significa que también una unión carnal es una expresión de unión espiritual e intelectual.

A tal punto es así, que según las fuentes rabínicas los pensamientos y la pureza mental que uno tiene cuando realiza esta unión con su pareja ejerce influencia en el alma del feto que va a nacer de esta relación. Por eso existen las relaciones prohibidas, porque en este caso la relación íntima no es una expresión de unión espiritual sino carnal y animal, y es esto lo que quiere evitar la Torá.

Por eso la Torá comienza con esta *mitzvá*, para enseñarnos cómo ver el mundo y vivir en él, transmitiéndonos que lo material no es un enemigo ni un obstáculo para nosotros, sino una herramienta que cuando sabemos utilizar bien se convierte en una vía de crecimiento espiritual y personal.

TEFILÍN

"Y los amarrarás sobre tu brazo y los pondrás entre tus ojos" (*Deuteronomio* 6,8).

La Torá nos ordena poner los *tefilín* sobre el brazo y la cabeza. El *Shulján Aruj* (25,5) explica que hay que ponerlos en el brazo frente al corazón, ya que es la fuente del sentimiento y emoción, y en la cabeza frente al cerebro, que es la fuente intelectual, para poder dirigir la emoción, el sentimiento y la mente de acuerdo a los principios del judaísmo que se encuentran en los *tefilín*.

En los *tefilín* hay cuatro pergaminos con cuatro textos de la Torá. Los principios fundamentales que están escritos en ellos son:

- Fe en D-os y nuestro compromiso con Él.
- Amor a D-os, que lleva también al amor al prójimo.
- Transmisión de nuestra tradición a la nueva generación.

Según lo anterior, vamos a explicar el significado de los *tefilín* de acuerdo a la forma de ponerlos. Cuando uno se pone los *tefilín* tiene que tener la intención de dirigir la mente y la emoción de acuerdo a los principios del judaísmo que están mencionados en los *tefilín*. Empezamos colocando los *tefilín* del brazo frente al corazón, lo que representa el sentimiento y la emoción, que implica controlarlos y guiarlos de acuerdo a los principios que contienen los *tefilín*. Después de poner los *tefilín* del brazo se hacen siete vueltas sobre el brazo izquierdo. Como ya explicamos, el número siete representa el buen contenido, mientras la mano representa la acción. La idea es que los principios que están en los *tefilín* se llevarán a cabo y se aplican en la vida real y cotidiana.

Después de hacer las siete vueltas se colocan los *tefilín* de la cabeza frente al cerebro, la cual es la parte mental e intelectual, y es que después de dirigir la emoción y la acción de acuerdo a nuestros principios, hay que dirigir también la mente y el pensamiento en esa dirección. En los *tefilín* de la cabeza también hay un nudo que se pone atrás y de allá bajan dos cuerdas hasta por lo menos el ombligo. Esto significa que el nudo está frente al tallo cerebral, de donde salen todas las órdenes al cuerpo, es decir, que los principios que están en los *tefilín* dirigen el tallo cerebral para dar órdenes de contenido y coherencia de acuerdo a esos principios. Las cuerdas tienen que llegar por lo menos hasta el ombligo, lugar donde se alimenta al feto; significa que las acciones y su aplicación tienen que ser alimentación para los demás y a la vez retroalimentación.

Al final se hacen tres vueltas en el dedo medio y citamos tres versículos con la palabra *compromiso* (*veerastij*), es decir, después de poner los *tefilín* en el brazo y la cabeza y tener la mente, la emoción y la acción dirigidos por los principios de los *tefilín*, se puede hacer el *compromiso*, que se representa con las tres vueltas, que son como anillos en el dedo medio, y consiste en el compromiso primero de parte de D-os con el pueblo de Israel y luego de parte del pueblo hacia D-os.

En el primer versículo D-os "dice" que el compromiso y el pacto de él con el pueblo de Israel es eterno; el segundo es la primera consecuencia de este pacto y es el compromiso del pueblo de Israel con el comportamiento según los valores judíos en el aspecto entre uno y su prójimo; el tercero es el compromiso en el aspecto de fe y felicidad del pueblo judío con D-os.

Hay una ley que prescribe que no puede haber interrupción entre el *tefilín* del brazo y el *tefilín* de la cabeza, lo cual representa la conexión permanente entre la mente, la emoción, el sentimiento y la acción. No puede haber separación entre ellos. La emoción siempre tiene que ser dominada y guiada por la mente, y la mente expresada correcta y adecuadamente por la emoción, el sentimiento y la acción.

KASHRUT

"Hablen al pueblo de Israel y díganle: De este animal podrás comer (…) y de este animal no comerás (…)" (*Levítico* 11,2-3).

En la Torá existe la orden de limitación sobre la comida, es decir, que no podemos consumir cualquier alimento, sino que este debe tener varias condiciones, como lo explicaremos más adelante.

El concepto de comida *kasher* nos enseña cómo adquirir el autocontrol, significa que nosotros podemos decidir qué vamos a comer y qué no, controlamos cuál alimento vamos a consumir y en qué momento, e incluso podemos aceptar la respuesta "no" a una tentación de cuerpo. Es decir, que nosotros dominamos el cuerpo y no él a nosotros. Esto se refleja no solo en la alimentación, sino en cualquier aspecto de nuestra vida donde tenemos que limitarnos y rechazar una tentación o actitud, como puede ser la envidia, el odio, la ira y otros.

De acuerdo a lo anterior, se puede entender lo que dicen nuestros sabios, que la alimentación no permitida afecta nuestra mente desde el punto de vista espiritual. Porque cuando uno no tiene esta disciplina y autocontrol en la comida, entonces deja que otras cosas lo dominen y obviamente puede tomar decisiones equivocadas y manipuladas por la tentación, la ira, la envidia y más.

Este mensaje de autocontrol y las condiciones que necesitamos para adquirir el autocontrol se puede ver en las características de los animales permitidos, o *kasher*.

Mamíferos: pezuña partida y rumiante.

La *pezuña partida* representa la separación y diferencia entre el bien y el mal, como primera condición. Para tomar decisiones correctas, con autocontrol, es necesaria la definición del bien y del mal y una clara diferencia entre ellos.

La segunda condición es *rumiante*, que es una condición de digestión que pasa por cuatro estómagos, que significa el poder de digerir las ideas, pensarlas y representarlas antes de tomar una decisión. Así se adquiere el autocontrol de nuestras vidas.

Peces: escamas y aletas.

Las escamas, que son la protección del pez, representan los principios y valores de nuestra tradición, que nos protegen permanentemente de cualquier obstáculo. Hay que llevarlos con nosotros a cualquier lugar que vayamos, de la misma manera que los peces llevan con ellos sus escamas, y nos ayuda a tomar las mejores decisiones. De otro lado necesitamos las aletas para ayudarnos a avanzar y a guardar equilibrio. En la vida judía siempre tenemos que ver cómo aplicar los principios del judaísmo en la época actual, sin modificarlos, pero sí con la aplicación correcta, para mantener siempre la vigencia de los preceptos del judaísmo en nuestra vida.

Aves: las aves que cazan y atacan no se pueden comer, porque ellas representan crueldad, sin embargo, se permite el consumo de las aves nobles. Así se puede adquirir esta sensibilidad para no hundirse en lo maldad y la crueldad, y ser capaz de decidir correctamente.

De acuerdo a todo lo anterior, vemos que esta limitación viene a darnos herramientas para adquirir autocontrol y utilizarlo adecuadamente para tener una vida más equilibrada, basada en las decisiones correctas.

CARNE Y LECHE

"No cocinarás el cabrito con la leche de su madre" (*Éxodo* 23,19).

La Torá nos ordena no mezclar carne y leche, y los sabios extendieron esta prohibición a esperar seis horas después de comer carne para poder comer leche. ¿Cuál es la razón de esta prohibición?

El judaísmo siempre se ocupa de educarnos para adquirir nuevas cualidades y alejarnos de los defectos. En este caso la Torá nos quiere alejar de la crueldad, es decir, cuando uno toma carne y la cocina con leche esto representa crueldad, porque la leche generalmente es el alimento que da vida al cabrito. Aquí no solo le quitamos la vida, sino que utilizamos su sustento para cocinarlo. Si hacemos la analogía de que cocinamos la carne de un bebé con leche materna, podremos ver lo cruel de esta acción. Son dos elementos que se contradicen, por eso, la Torá nos dice que si ya quieres comer carne, hazlo de acuerdo al ritual establecido, nunca en forma cruel.

Debido a la gravedad tan grande que ven nuestros sabios en este defecto que es la crueldad, ampliaron la prohibición para alejarnos totalmente de la crueldad.

De acuerdo a esto se puede entender por qué se puede comer pollo relleno de huevo, porque el problema no es el producto del pollo, sino que quitamos su alimento. En este caso, el huevo no es el alimento del pollo, por eso esta mezcla no se considera crueldad.

NO MALDECIR

"No maldecirás a un sordo" (*Levítico* 19,14).

En este precepto la Torá prohíbe maldecir a alguien, para expresar que no debemos desear mal alguno a nadie, porque el judaísmo nos quiere enseñar que no hay que tener malos pensamientos ni sentimientos hacia persona alguna. Como lo dice la Mishná (*Avot* 5,19), los alumnos de Abraham Avinu tienen ojo positivo para ver a los demás en forma de amor, cariño y optimismo, y por supuesto, jamás desear mal o hacer daño al otro. De aquí surge una pregunta: ¿acaso solo al sordo no se puede maldecir y, además, puesto que el sordo no oye la maldición, aun así está prohibido?

Podemos explicar que la prohibición de maldecir al otro es válida incluso cuando este no oye, como en el caso del sordo, y mucho más cuando sí lo oye. Pero también se puede decir que la Torá nos quiere enseñar que no solo haces daño a los demás cuando los maldices, sino también a ti mismo. Aun cuando maldices a un sordo, que no puede oír y supuestamente no le causa daño, a ti sí te causa daño, porque el hecho de que tengas un mal deseo hacia tu prójimo ya genera una contaminación en ti y estás sembrando energía negativa en ti. Es esta contaminación lo que la Torá quiere evitar que tengamos, como lo dice la Mishná (*Avot* 2,9) en nombre de Elazar ben Araj, que hay que tener buen corazón, que significa pureza por dentro para poder tener un sentimiento puro y limpio que lleva a visiones positivas y buenas acciones.

TZEDAKÁ

"(…) por esto te ordeno que abras tu mano a tu hermano el necesitado (…)" (*Deuteronomio* 15,11).

Sobre la *mitzvá* de *tzedaká* la Torá nos ordena que cuando un pobre o algún necesitado pidan nuestra colaboración económica no se puede ignorarlos. Como dice la Torá, "cuando hubiere en medio de ti un pobre... no endurecerás tu corazón, sino que ciertamente le abrirás tu mano y sin falta le presentarás lo suficiente para lo que le faltare" (*Deuteronomio* 16,7).

Esta *mitzvá* nos enseña que uno tiene que preocuparse por el otro y tener siempre presente el concepto de colaboración en nuestras vidas. Pero, más que esto, la *mitzvá* de *tzedaká* no es solo una obligación de ayudar al necesitado, sino que también es una vía para enseñarnos a dar y a desarrollar en nosotros la bondad. Significa el deseo de dar y la necesidad de siempre querer compartir, colaborar y ayudar.

La Torá nos enseña la importancia de adquirir la cualidad de *jésed* (bondad), que es la virtud principal de nuestro patriarca Abraham, que consiste en que uno tiene la necesidad y el deseo de dar y compartir, y por eso siempre está dispuesto a ayudar y colaborar.

La *mitzvá* de *tzedaká* no es solo un acto mecánico de dar una moneda a la caja de *tzedaká* o a un pobre, sino que este acto tiene que generar en mí el sentido de dar y colaborar, y causar un cambio interno de mi personalidad para aumentar el sentido voluntario y de colaboración.

El concepto de la *tzedaká* es dar y recibir; esto implica que haya una persona que quiera dar y otra que acepta recibir. Sobre esta dinámica se basa el mundo y la creación, ya que solo así se logra la perfección y la redención del mundo, como dice el versículo: "Sión por medio de la *tzedaká* será redimida" (*Isaías* 1,27). Todo esto, porque en el hecho de dar y recibir se logra la perfección de la persona, pues en este intercambio uno se complementa por medio del otro.

"Hay que preparar una vela bonita para Shabat y algunos hacen dos velas por *shamor* y *zajor*" (*Shulján Aruj* 263,1).

El *Shulján Aruj* (263,1) dice que es una *mitzvá* prender velas antes de Shabat, por el regocijo de Shabat y para tener paz en el hogar, y que no haya excusas para discusiones por falta de luz en la casa o por falta de comodidad. Prendemos dos velas: una para *zajar* (recordar) y la otra para *shamor* (cuidar), que son los dos aspectos mencionados en los diez mandamientos.

Esta *mitzvá* está asignada a la mujer, pero el hombre también está obligado a cumplirla.

Cuando la mujer prende las velas, toda la familia está reunida y se bendice a la familia. Este momento del encendido de las velas es un tiempo apropiado para pedir y bendecir a la familia e hijos, porque cn el judaísmo la vela representa espiritualidad, valores y principios. Cuando la mujer prende las velas antes del Shabat está "prendiendo" este ambiente, el espíritu de la tradición y los valores de su hogar, deseándole a su familia que pueda adquirir espiritualidad para aplicarla en su vida propia y cotidiana.

El libro de *Tania* (capítulo 19) explica la comparación entre la vela y el ser humano, de acuerdo al versículo "la vela de D-os es el alma de la persona" (*Proverbios* 20,27). Según esta explicación, la llama siempre sube, lo que representa el alma, que siempre desea lo espiritual y lo elevado, pero de otro lado la base de la llama y la mecha es la cera de la vela, lo que representa el cuerpo. Es decir, que lo material sostiene la llama, lo espiritual, y es lo que la hace iluminar de forma adecuada. Cuando se prende la vela y la mecha, se bendice a los hijos y a la familia deseándole que siempre tengan la posibilidad de mantener y aplicar esta llama con espiritualidad y con valores, conectándose con la cera que es la vela y así tener una bonita luz que santifica la vida.

"No tendrán entre ustedes un adivino o un brujo" (*Deuteronomio* 18,10).

La Torá nos prohíbe utilizar la brujería, que en general se usa para saber sobre el futuro o para tomar decisiones y pasos a seguir. ¿Por qué la Torá lo prohíbe? Si uno va donde un brujo es para que le ayude, entonces ¿cuál es el problema? Y más aún, ¿por qué acudir a uno de ellos es tan grave que la Torá dice que el brujo tiene pena de muerte?

Uno de los conceptos fundamentales del judaísmo es el libre albedrío, que es la base del ser humano como persona. El judaísmo siempre va a exigir que la persona tenga libre albedrío, la "Potestad de obrar por reflexión y elección", y no va a permitir que nadie pueda quitársela.

La brujería es algo que está desconectado totalmente de la mente y la razón, por eso cuando uno va a consultar con un brujo no busca explicación ni lógica, sino que va a obedecerlo ciegamente y no tendrá la opción ni la posibilidad de decidir por sí mismo. Esto significa que en ese momento esta persona perdió totalmente su capacidad de decisión y todo eso a causa del brujo, es decir, el brujo le quita a la persona lo más esencial, que es el libre albedrío. Por esto la Torá lo ve como si se estuviera "asesinando" espiritualmente a la persona, porque le quita la esencia de la vida, y por esto su pena es la muerte.

De otro lado, la Torá dice que hay que tomar las decisiones de forma lógica y pensada y no utilizar fuerzas sobrenaturales, pues en caso contrario no se utiliza el regalo tan apreciado que D-os nos entregó, que es el libre albedrío. La persona que va a consultar con brujos no podrá actuar como persona pensante y responsable de sus decisiones. Por este motivo la Torá no permite el uso de la brujería, para no perder el concepto tan fundamental del judaísmo que es el libre albedrío.

LA CUENTA DEL OMER

"Y contarán… desde el día siguiente al primer día festivo… siete semanas completas" (*Levítico* 23,15).

En este versículo la Torá nos ordena sobre la *mitzvá* de la Cuenta del Omer, que significa contar a partir del segundo día de Pésaj durante 49 días hasta que en el día 50 es la fiesta de Shavuot.

Vemos que la Cuenta del Omer conecta las fiestas de Pésaj y de Shavuot. ¿Cuál es su significado?

En la fiesta de Pésaj el pueblo judío salió de Egipto, de la esclavitud a la libertad, y prácticamente se formó en este día, y en la fiesta de Shavuot recibió la Torá. La Cuenta del Omer establece una conexión entre las dos y las convierte en un solo proceso que empieza en Pésaj y termina en Shavuot.

Cuando sale de Egipto el pueblo de Israel abandona toda cultura y preceptos previos. Durante los 49 días hay un proceso de preparación del pueblo para recibir la Torá, la cultura particular del pueblo de Israel y sus conceptos. ¿Cuál es el proceso de preparación?

Para poder recibir la Torá hay que purificarse y perfeccionarse como persona y elevarse en el aspecto ético y moral, para transformarse en un recipiente adecuado para contener la Torá. Como lo dicen nuestros sabios, "la ética y la moral es la etapa anterior a la Torá", es decir, que la Torá es como "el segundo piso" sobre el primero que es la ética y la moral.

En *Olat Reia* rab Kuk explica que el sacrificio que traen en el comienzo de la Cuenta del Omer es de cebada y el que traen al final de la Cuenta, es decir en Shavuot, es trigo (pan). En tiempos anteriores la cebada era comida animal y el trigo comida humana; la idea es ver cómo puedo convertir mi alimentación de cebada en trigo, es decir, de nivel animal a nivel humano. Significa que en cada uno de nosotros existe el instinto animal y lo que tenemos que hacer es santificar y elevar este instinto al nivel humano, lo que implica saber cómo utilizarlo y controlarlo para actuar de acuerdo al nivel elevado del ser humano, para con este nivel poder recibir la Torá adecuadamente.

Por ello en los días de la Cuenta leemos el tratado de la ética judía (*Pirkei Avot*), que nos enseña los principios y valores de la moral y la ética desde el punto de vista judío. De esta manera nos preparamos de una forma correcta y adecuada para la entrega de la Torá.

JALÁ

"En primer lugar, separarás de su masa una *jalá*" (*Números* 15,20).

Cuando uno hace una masa de uno de los cinco granos, que son trigo, cebada, espelta, avena y centeno, tiene que apartar un pedazo de la masa antes de hornearla. Antiguamente este pedazo había que entregarlo al *cohén* (sacerdote), lo que hoy en día no podemos hacer, pero sí apartamos y quemamos este pedazo.

En esta *mitzvá* lo que la Torá nos enseña es el concepto de dar, compartir y preocuparse por los demás. Antiguamente el *cohén* se ocupaba de las necesidades del pueblo y por eso el pueblo tenía que sostenerlo económicamente. Uno de los "regalos" que él recibía eran estos pedazos de la masa. Esta *mitzvá* es para enseñarnos que tenemos que tener gratitud con él y ayudarlo, incluso antes de poder comer de esta masa horneada. Mediante esta *mitzvá* la Torá nos enseña no solo la gratitud sino también la preocupación por los demás, y el deber de la colaboración con el necesitado o con aquel que colabora con nosotros. Esta preocupación por el otro es un concepto fundamental en nuestra tradición.

VACA BERMEJA

"Habla al pueblo de Israel y tomarán una vaca bermeja perfecta y completa" (*Números* 19,2).

La Torá nos aclara el proceso de purificación para una persona que se impurificó por tener contacto con un cadáver, porque cuando uno toca un cadáver se impurifica. Para purificarse hay que tomar una vaca que es completamente roja, degollarla y después quemarla, mezclar las cenizas con el agua pura y otros elementos y salpicar esta mezcla sobre la persona impura. Luego de un lapso de siete días termina su proceso de purificación. ¿Cuál es la explicación de esta *mitzvá*?

Para poder contestar, primero hay que entender los conceptos de pureza e impureza. En el judaísmo pureza significa contenido positivo y lleno e impureza significa vacío y falta de contenido. Cuando hay pureza y santidad significa que hay más contenido positivo en el espacio, sin embargo, cada vez que hay un vacío y falta de contenido hay impureza. La fuente principal de impureza es un cadáver, porque cuando la persona fallece el cuerpo se vacía. Queda solo lo físico pero sin el contenido que lo llenaba, porque el alma salió de él. Por esto un cadáver implica el grado más alto de impureza.

Cuando D-os creó al ser humano lo creó como ser inmortal, pero después de que Adán y Eva comieron de la fruta prohibida y no obedecieron la orden divina, D-os decretó la muerte sobre el ser humano. Miles de años después, en el momento de la entrega de los mandamientos, según nuestros sabios D-os quería anular el decreto de la muerte, pero por causa del pecado del becerro de oro que cometió el pueblo de Israel se mantuvo este decreto y la muerte permaneció en el mundo. Es decir, que nuevamente la desobediencia a la palabra de D-os causa que se decrete la muerte y por lo tanto la impureza.

Con respecto a la vaca bermeja dice Rashí: "En la misma forma que cuando un bebé ensucia un lugar viene su madre a limpiar la suciedad, vendrá la vaca y perdonará por el error del becerro (su hijo)" (*Números* 19,2). Significa que hay una relación entre la vaca bermeja y el becerro de oro, es decir, que la vaca viene a purificar a alguien que fue impuro por contacto con un muerto, y esta muerte es consecuencia del pecado del becerro de oro.

De acuerdo a lo anterior se puede entender por qué la vaca tiene que ser completamente roja, porque el color rojo representa la pasión y el pecado que causó la muerte, y por esto hay que quemarla para eliminar esta pasión negativa.

La Torá dice que la persona que salpica la mezcla de la vaca bermeja se impurifica y la persona impura a la que salpica se purifica. ¿Cuál es la explicación? La idea es que el hecho de que

Adán y Eva no obedecieron la voluntad divina y comieron de la fruta prohibida, implica que ellos pusieron su entender y voluntad por encima de la voluntad de D-os y fue esto lo que causó el error. Entonces en el ritual de la vaca bermeja la Torá da una ley que es contra la lógica, que el puro se impurifica y el impuro se purifica, y es para que nosotros anulemos totalmente nuestro entender y voluntad delante de la voluntad de D-os. Para obedecerlo y así corregir el origen del primer pecado de Adán y Eva que causó el decreto de la muerte.

Por todo lo anterior, resumimos que la vaca bermeja purifica al impuro porque la impureza es consecuencia de la muerte, que a su vez es consecuencia del primer pecado de Adán y Eva y posteriormente del pecado de becerro de oro. Al quemar la vaca roja, que es la mamá del becerro, anulamos la pasión negativa y aceptamos la autoridad divina, entonces por medio de salpicarla sobre el impuro este se purifica.

Otro ejemplo de impureza es la mujer en el momento que tiene el periodo. La menstruación causa impureza porque cualquier cosa que está relacionada con pérdida de la vida o la muerte causa impureza, como explicamos anteriormente. El periodo es una "vida" que no fue realizada, es decir, que había óvulos que no fueron fecundados y en este caso hay "una vida perdida". Por esto causa la impureza, que se revierte por medio del baño ritual.

De acuerdo con esto se puede explicar cómo nos purifica el baño ritual, porque el baño ritual está lleno de agua totalmente pura y natural (de lluvia), sin manipulación humana, lo que lo hace parecido al agua del mar, y cuando uno se sumerge en el agua ritual se está anulando totalmente delante de la voluntad divina. Esto es exactamente la corrección del pecado, porque fue precisamente el no anular mi voluntad delante de la voluntad de D-os lo que causó la muerte y la impureza.

CIUDAD DE REFUGIO

"Tres ciudades de refugio apartarás de la tierra que el Eterno tu D-os te da por heredad (…)" (*Deuteronomio* 19,2).

La Torá dice que hay que apartar tres ciudades de refugio en la tierra de Israel en la parte occidental del río Jordán y posteriormente otras tres ciudades de refugio en la parte oriental del río Jordán. Además de estas seis ciudades se cuenta con 42 ciudades de la tribu de Leví, que también sirven como ciudades de refugio.

Estas ciudades son para los casos en que una persona haya matado a otra accidentalmente, por descuido. La Torá dice que esta persona que mató tiene que escapar y refugiarse en estas ciudades, para protegerse de los familiares del muerto, y debe quedarse en esta ciudad hasta que el gran sacerdote fallezca. De aquí surgen al menos dos preguntas. ¿Por qué la persona tiene que refugiarse, si no lo mató con intención sino por accidente? ¿Por qué la Torá tiene que condicionar su libertad a la muerte del gran sacerdote y no fija una pena igual para todos, sino que depende de cuántos años de vida le queden al gran sacerdote?

Con relación a la primera pregunta la Torá nos enseña la gran responsabilidad que tenemos con respecto a nuestras acciones y sus consecuencias. El hombre no puede excusarse con que no tenía mala intención, porque uno es siempre responsable por sus acciones y sus consecuencias, como dice la Mishná: "El hombre es advertido siempre" (*Baba Kama* 2,6). Es decir, el hombre no necesita una advertencia para que sea responsable por sus acciones, sino que él está advertido desde el principio, porque tiene uso de razón y esto le exige la responsabilidad. Por eso, si uno mata a otro, aunque no haya tenido la intención, entonces tiene que asumir la responsabilidad.

Pero, ¿por qué su pena está relacionada con la muerte del gran sacerdote? Cuando uno no se cuida y causa la muerte de otro, generalmente es por falta de conciencia, sensibilidad y entendimiento de la importancia y el valor de la vida de los demás. El hecho de que para uno no esté claro y no esté convencido de esto, en gran parte es culpa del líder espiritual, que en aquel momento era el gran sacerdote, porque él no puso énfasis en la importancia y valor de la vida ajena. Por eso dice la Torá que quien mató tiene que estar en la ciudad de refugio, como ciudad de rehabilitación, hasta que haya otro gran sacerdote, que puede ser que sí va a resaltar la importancia de la vida ajena, la sensibilidad y la preocupación que debemos tener el uno hacia el otro. Y puede ser que esto va hacernos más responsables y preocupados por los demás y así vamos a cuidarnos de no causar daño al otro.

El *midrash* dice que la madre del gran sacerdote traía comida al asesino para que este no rezara que el *cohén* muriera y así poder salir de la ciudad. Pero, ¿cómo puede ser que D-os le va a hacer caso a alguien que pida que el gran sacerdote muera? Según lo anterior podemos entenderlo, porque el asesino puede reclamar a D-os diciendo que el gran sacerdote tiene también gran parte de culpa de este asesinato. Entonces su reclamo es válido y por eso la mamá quiere evitar ese reclamo que acusa a su hijo.

En esta *mitzvá* vemos la responsabilidad que cada uno tiene sobre sus propias acciones y sobre la de los demás.

NO DESPERDICIAR

"Cuando sities una ciudad en la guerra, no desperdiciarás sus árboles y no los cortarás, porque de ellos comerás" (*Deuteronomio* 20,19).

La Torá nos dice que está prohibido desperdiciar cosas que puedan beneficiar a alguien, sea comida, objetos, ropa y demás. La explicación básica es obvia: ¿cómo voy a botar o desperdiciar algo que puede beneficiar a otra persona? Aunque yo no lo necesite, puedo ayudar a otros, pues lamentablemente hay mucha gente que no tiene suficiente comida o ropa. Por eso, aunque tú no lo necesites puede servir de ayuda a otras personas.

Pero creo que hay un mensaje más profundo, y es que cuando decimos que D-os creó el mundo, lo creó con un plan y objetivo. Esto significa que cada cosa que D-os creó en este mundo tiene un uso y propósito, como lo dice la Mishná: "No menosprecies a ninguna persona y no desperdicies ninguna cosa porque no hay persona que no tenga su momento y no hay cosa que no tenga su lugar" (*Avot* 5,3).

Cada cosa creada en este mundo tiene su propósito y objetivo. Cuando desperdicio un objeto estoy afirmando que no tiene propósito ni uso adecuado, que fue creado en vano. Esto es en contra del concepto judío de que este mundo fue creado con mucho pensamiento y propósito. Sin embargo, no es suficiente el no desperdiciar, también hay que ver y buscar cuál es el fin de cada cosa para utilizarla de una forma correcta y llevarla a su propósito.

Por ello la Torá nos dice "No desperdiciarás", no solo porque quiere beneficiar al necesitado con lo que el otro no necesita, sino también para enseñarnos que este mundo fue creado con mucha sabiduría y pensamiento, exactamente de acuerdo al plan divino. Nuestra tarea es ver cómo aportamos para llevar a cabo este propósito, por eso no debemos desperdiciar ningún objeto, ropa o comida, porque tienen su objetivo divino. Si lo entendemos con respecto a un objeto material, más y más con respecto a un ser vivo y a un ser humano, respetándolos y apreciando su existencia.

LAVADO DE MANOS DESPUÉS DE VISITAR EL CEMENTERIO

"Estos necesitan hacer *netilá* (…) el que caminó entre los muertos [cementerio]" (*Shulján Aruj, Oraj Haim* 4,18).

Después de visitar el cementerio o al terminar un entierro tenemos la costumbre de lavarnos las manos sin bendición y no las secamos sino que las dejamos así hasta que se sequen solas.

Podríamos decir que el cementerio causa una impureza y por esta razón cuando salimos de allí nos lavamos las manos para quitar esta impureza, pero nuestros sabios nos dan una explicación adicional y la relacionan con la ley de *Egla Arufa* (becerra degollada). Se trata del caso cuando se encuentra un cadáver al lado de una ciudad y no se sabe quién lo mató. La Torá nos dice que debemos medir la distancia del cadáver con la de las ciudades circundantes para determinar la ciudad más cercana al cadáver, entonces la junta directiva de esta ciudad, como representante de la comunidad, tiene que llevar una becerra al río cercano y allí degollarla y decir "nosotros no derramamos la sangre del fallecido y tampoco sabemos nada al respecto". Después ellos se lavan las manos para decir "estamos limpios de culpa de la muerte de esta persona", es decir, que el lavado de las manos es un acto que quiere comunicar que no somos culpables de esta muerte.

De la misma manera, cuando vamos al cementerio y visitamos la tumba de alguien, "lavarse las manos" al salir simboliza que afirmamos haber hecho todo lo posible para evitar la muerte de esta persona y que tampoco hicimos nada que pudiera perjudicarla o causar su muerte. Este acto nos aclara y enseña la responsabilidad mutua que tenemos hacia los demás. Siempre debemos buscar evitar el daño de nuestro semejante, no solo en no hacerle mal, sino también en hacerle el bien y tratar de ayudarlo y protegerlo.

Por eso no se secan las manos, para dejar esta reflexión presente en nuestra mente y aplicarla el máximo tiempo posible para fortalecer el concepto de responsabilidad mutua en el pueblo judío.

ESCRIBIR UN SÉFER TORÁ

"Y ahora escriban para ustedes este cántico" (la Torá…) (*Deuteronomio* 31,19).

En este versículo la Torá ordena a cada uno escribir un Séfer Torá, y así lo trae el *Shulján Aruj* (*Yore Dea* 270,1), que es una *mitzvá* de la Torá que cada quien escriba un Séfer Torá, y aunque sus padres le dejaran uno por herencia, él tiene que escribir uno propio. En términos prácticos, la razón por la cual hay que escribir un Séfer Torá es porque en aquel tiempo la gente estudiaba y aprendía la Torá directamente de los rollos de la Torá, entonces cada uno tenía que tener un libro propio para poder estudiar. Por eso el mismo *Shulján Aruj* dice que hoy en día, que no se estudia directamente del Séfer Torá sino de libros impresos, puede cumplirse esta *mitzvá* con la compra o escritura de un libro de estudio judaicos o de libros de temas judaicos, como Jumash, Guemará, etc.

Pero surge la pregunta: si mis papás me dejaron un Séfer Torá, ¿por qué tengo que escribir otro particular, acaso no puedo estudiar con el de ellos? En esta *mitzvá* la Torá y los sabios nos enseñan que aunque mis papás me dejen un libro, sin embargo mi forma de estudiar la Torá y mi perspectiva sobre el judaísmo no son iguales a las de ellos. Por eso, cada uno tiene que tener un libro especial, individual y particular, para enseñarme que tengo que resaltar mi forma de estudiar la Torá y el judaísmo, obviamente dentro del marco permitido, sin modificar y cambiar su esencia. Y así lo dicen nuestros sabios: "En la misma manera que nuestras caras no son iguales, así nuestras opiniones son diferentes" (*Berajot* 58A), es decir, cada uno es diferente y único, y esto nos hace entender que cada quien tiene que realizar su personalidad propia porque cada uno tiene su luz propia y especial.

COMER CARNE / SHEJITÁ / VEGETARIANISMO

Uno de los cambios que hubo antes y después del diluvio es el permiso de comer carne animal. Al principio la Torá dice: "Y dijo D-os: Les doy todo tipo de vegetal para comer, cualquier fruta (...)" (*Génesis* 1,29), es decir, que lo único que se le permitió consumir al hombre fue lo vegetal. Lo animal y humano estaba prohibido para el consumo. Pero después del diluvio la Torá dice: "Cada ser vivo [excepto del ser humano] está permitido consumir de la misma manera que el vegetal" (*Génesis* 9,3).

Vemos así que después del diluvio estuvo permitido consumir tanto lo animal como lo vegetal, sin embargo, lo humano, la sangre y el animal vivo quedaron prohibidos, porque todos estos alimentos pueden causar la crueldad en la persona que los consuma. ¿Por qué hubo este cambio?

Cuando D-os creó al mundo dijo al hombre que no podía consumir carne animal, porque cómo vamos a quitarle la vida a un ser vivo para alimentarnos, por eso era permitido solo lo vegetal. La intención era que el ser humano entendiera que aunque no podía consumir carne humana ni animal todavía tenía que tener un comportamiento y conducta humana, que fuera superior a la del animal. Pero el ser humano concluyó que eran iguales y por eso rebajó su conducta a la conducta animal, no respetando al otro, ni su espacio ni la propiedad ajena. Por eso, D-os decide permitir el consumo de carne animal por el hombre, debido a su debilidad, para que este entienda que el hecho de no poder consumir carne humana, pero de otro lado sí puede consumir la carne animal, quiere decir que el humano es superior al animal y le exige al hombre un comportamiento y conducta superior y más elevada.

Por eso dice la Torá que, aunque le permitió al hombre consumir carne animal, hay que quitarle la vida antes (degollar) y hacerlo en la forma más sensible y menos dolorosa para el animal. Al punto que si le causa un dolor extra entonces no se puede consumir este animal, de ahí que la forma de degollar el animal de acuerdo al rito judío es con mucha sensibilidad, para disminuir lo máximo posible el dolor al animal.

Uno diría: ¿entonces es mejor ser vegetariano ideológicamente? Sobre esta pregunta escribe rab Kuk un artículo explicando que puede ser que en un futuro sea mejor, sin embargo, tiene que venir después que nosotros como seres humanos tengamos respeto y tolerancia el uno por el otro, porque es un absurdo que alguien tenga misericordia con un animal pero sea cruel con su prójimo. Hay que tener misericordia por ambos pero el orden correcto es primero saber cómo comportarse con el prójimo y cuando la sociedad llegue a este nivel de respeto mutuo, puede ser que seamos nuevamente un mundo vegetariano.

Hoy en día vemos que cuando no lo hacemos de acuerdo a este orden, entonces llegamos a conclusiones muy equivocadas, que ponen a los animales por encima del humano, y todo esto puede tener muchas consecuencias negativas. Ojo, hay que entender que la Torá prohíbe el maltrato animal pero resalta que el ser humano es superior al animal, lo que le exige un comportamiento y ética superior y más elevada.

"Seis días trabajarás y en el séptimo día descansarás" (*Éxodo* 34,21).

El séptimo día de la semana es Shabat. Este día es muy importante en la tradición judía. ¿Por qué? Como dice la Torá, el séptimo día es equivalente al séptimo día de la creación, por tanto, de la misma forma que D-os dejó de crear en el séptimo día, nosotros también tenemos que dejar de hacer trabajos en Shabat. Esto convierte el día séptimo es una especie de testimonio en el cual D-os es el creador del mundo, que es la base de la fe judía.

El hecho de decir que D-os creó el mundo es dar testimonio de que el mundo fue creado de acuerdo a su voluntad y propósito. El mundo no fue creado al azar sino con un plan y un objetivo, D-os nos está diciendo cuál es el propósito del mundo.

Cuando reafirmamos que D-os es el creador, entonces entendemos que hay un compromiso de parte nuestra con el propósito del mundo y es nuestra tarea ver cómo podemos aportar de nuestra parte para llevar a cabo este propósito. Así también podemos entender que quien trata de refutar el judaísmo siempre intenta contradecir el hecho de que D-os creó el mundo, porque cuando digo que el mundo no fue creado por D-os, entonces no tengo compromiso con el propósito del mundo de acuerdo a la voluntad de D-os, sino que yo digo y fijo cuál es el propósito de acuerdo a mi entender. Por eso, el judaísmo pone entre sus principios de fe el que D-os es el creador del mundo y por tanto tenemos el compromiso con este propósito que propuso D-os el creador.

Los sabios deducen que hay 39 trabajos principales que están prohibidos en Shabat. Uno piensa que la prohibición en Shabat es hacer un esfuerzo, pero no es correcto, no es función de esfuerzo sino de transformación y creación.

Como vimos en el versículo, hay una orientación de trabajar durante los seis días, convertirnos en "ayudantes" de D-os en la creación, mejorarlo, perfeccionarlo en todos los aspectos, incluso en el aspecto material, pero el día sábado tenemos que abstenernos de esta participación. Ese día tenemos que observar el mundo en forma objetiva, viendo la grandeza de D-os reflejada por la creación y permitir así la conexión profunda con D-os y Su creación. De esta manera puedo llegar a observar al mundo y a mí mismo en forma objetiva y conocerme mejor, en una forma transparente y honesta, para encontrar el "yo verdadero" en todos mis aspectos, principalmente en la parte espiritual y personal. Así podré llevar a cabo mi potencial durante los seis días en forma más profunda y verdadera.

Aparte de la observación profunda de mí mismo, el día de Shabat también representa la armonía y unión de la familia biológica y comunitaria, porque todo lo que ocupa el tiempo durante la semana y causa la diferencia entre unos y otros desaparece en Shabat. Esto permite dejar de un lado las diferencias para "preparar el terreno" a la unión, armonía y hermandad.

BENDICIÓN DE LA LUNA

La Guemará de Jerusalén dice: "Cuando uno ve la luna aparecer de nuevo y creciendo hay que decir la bendición, bendito que renueva los meses" y así lo fija el *Shulján Aruj* (*Oraj Itaim* 426,1).

El ciclo del mes de acuerdo al ciclo de la luna es de 29 días y 6 horas, que significa que la luna desaparece al final del mes, y cuando aparece de nuevo es el comienzo del nuevo mes. Desde el comienzo del mes la luna va creciendo durante 15 días, hasta que en el día 15 está llena y después empieza a decrecer hasta que desaparece, y así todos los meses.

Hay una *mitzvá* de decir la bendición llamada "Bendición de la luna", *Bircat Halevaná*, durante el tiempo que la luna crece (generalmente desde el séptimo día hasta el día 15 de mes). La razón básica es que agradecemos a D-os por cualquier cosa de la que sacamos provecho, en este caso tenemos el provecho de la luna y de su luz en la noche, y por eso en cada ciclo agradecemos a D-os.

Sin embargo, de acuerdo al texto de la bendición y los demás versículos mencionados en ella, se puede entender que hay un significado más, que es la esperanza y la protección.

En las fuentes rabínicas hay muchas comparaciones entre el

pueblo de Israel y la luna, es decir, que la luna tiene características que pueden ser aplicadas al pueblo judío. Dicen nuestros sabios que de la misma manera que la luna aparece y desaparece, pero siempre existe y vuelve a aparecer, igualmente el pueblo judío. Hay diferentes momentos en los que el pueblo de Israel ilumina más o menos, pero nunca desaparece totalmente, y esta es la esperanza que siempre tenemos, con la seguridad de contar con la protección divina en todo momento.

Hay textos que hablan de la protección del pueblo judío de todos sus enemigos y que nunca lo podrán alcanzar ni destruir, como dice el rezo de la luna: "en la misma forma que nadie puede alcanzar la luna, así los enemigos de Israel no podrán alcanzarlo". La luna representa la protección divina sobre nosotros, por eso, el texto de la bendición de la luna, aparte de agradecer a D-os por su luz y existencia, expresa la seguridad de que siempre estaremos a salvo.

También decimos "David el Rey de Israel está vivo y existe". David representa al reinado del pueblo de Israel, que el versículo nos dice que siempre existe y va a existir. Este es el significado de esta bendición: protección y esperanza. Por eso también la *Halajá* fija que la persona tiene que decir la bendición afuera, bajo los cielos, lo que significa que sale de la protección física de su casa o el techo y confía plenamente en la protección divina que asegura la existencia del pueblo de Israel para siempre.

De acuerdo a lo anterior vemos que el rezo no es a la luna sino a D-os por la luna, agradeciendo por su luz y utilizando las características de la luna para aplicarlas al pueblo de Israel en forma de protección y esperanza.

"Y cuidarán mucho su vida" (*Deuteronomio* 4,15).

En la Torá existe el concepto de cuidar nuestra salud y cuerpo, como dice el versículo anterior. De la misma manera, también hay una obligación de cuidar el mundo, la naturaleza y el medio ambiente; lo vemos en la prohibición de cortar un árbol frutal sin necesidad y solo está permitido cuando es para salvar una vida o una necesidad del colectivo. De igual forma lo dice la Mishná: "No desprecies ninguna cosa en este mundo… porque no hay nada en este mundo que no tenga su lugar (propósito)" (*Avot* 4,3).

Cuentan que una vez el rab Kuk paseaba en la calle con su alumno el rab Arie Levin y mientras hablaban el rab Levin, sin darse cuenta, arrancó la hoja de un árbol. En ese momento el rab Kuk detuvo la conversación y le reclamó al rab Levin por haber arrancado aquella hoja sin necesidad, aunque lo había hecho inconscientemente. De aquí podemos ver el aprecio y el valor que debe dársele a la naturaleza y a cada hoja.

La razón de esta obligación es porque creemos que no hay nada en este mundo que no tenga su uso y su fin, por eso, hay que apreciar el mundo, la creación, y cuidarlo, porque D-os creó este mundo para que lo cuidemos y lo utilicemos de la mejor manera.

Rab Kuk dice en su libro *Midot Raia* que para poder amar a D-os lo primero es amar el universo y la creación. Solo después se puede llegar a amar a D-os y a sus seres creados. La idea es que no hay que ver el mundo como algo separado de nosotros, sino como parte de nuestra vida y la manifestación divina.

BENDICIÓN DE LOS COHANIM

"Habla a Aarón y a sus hijos (…) así bendecirán a los hijos de Israel" (*Números* 6,23).

Una de las *mitzvot* a que están obligados los *cohanim* es dar la bendición al pueblo de Israel, *Bircat Hacohanim*. ¿Qué significa esta bendición?

La bendición está dividida en tres partes:

- Que D-os te bendiga y te cuide.
- Que D-os ilumine su luz hacia ti y te dé gracia.
- Que D-os dirija su rostro hacia ti y te dé paz.

En resumen, la bendición tiene tres características: bendición, gracia y paz.

La primera parte habla de la bendición. Muchas veces pensamos que bendecir a alguien significa desearle el bien, pero según vemos en la Torá, cuando Isaac da la bendición a Yaacov o Moshé a las tribus, en estas bendiciones no vemos un buen deseo, sino que quien otorga la bendición resalta la virtud y las características de cada uno. Es decir, que bendecir significa tener la capacidad de resaltar las cualidades del otro y guiarlo de acuerdo a su personalidad, por lo tanto, cuando bendecimos a nuestros hijos lo que hay que hacer es conocerlos y resaltar sus virtudes y guiarlos de acuerdo a sus particularidades.

En la primera parte de la Bendición de los Cohanim, estos dicen "que D-os te bendiga", lo que significa que te dé la facultad de conocer tus virtudes, desarrollarlas y realizarlas con permanencia.

La segunda parte dice "que D-os ilumine su luz hacia ti para darte la gracia", porque, aunque uno actúa de acuerdo a su personalidad, tiene que tener gracia para que su palabra, acciones, enseñanzas sean recibidas por los demás.

La tercera parte le desea la paz, que significa el equilibrio personal, espiritual y emocional, y esto ocurre cuando uno siente el "rostro" de D-os cerca de sí. De esta forma, cuando uno tiene la bendición y gracia acompañándolo, se le facilita adquirir la paz interna y el equilibrio personal.

NO AGREGAR NI QUITAR DE LO QUE ORDENÓ D-OS

"No agregarán sobre lo que les ordené ni quitarán de él" (*Deuteronomio* 4,2).

La Torá nos ordenó que tenemos que hacer exactamente lo que D-os prescribió, pero está prohibido quitar o agregar a lo ordenado. Podemos entender que no se puede quitar, porque entonces haríamos menos de lo que D-os nos ordenó, pero ¿por qué no se puede hacer más y agregar? Cuando agrego, hago lo que D-os dijo y más, entonces ¿por qué está prohibido, e incluso la Torá dice que si hago más todo lo que hice no sirve?

La explicación es que esta prohibición tiene dos motivos. Uno es que el hecho de hacer más es una arrogancia de mi parte, como diciendo a D-os: "Yo entiendo mejor que tú", porque D-os ordenó una cosa y yo agrego más, pensando que soy más sabio e inteligente que Él.

De otro lado, esta prohibición nos quiere enseñar que las órdenes de D-os son exactas y su efecto personal y espiritual tiene lugar solo cuando se hace de la manera exacta que Él ordenó. Es igual, por ejemplo, si el médico me ordena tomar una pastilla diaria y yo quiero hacer más y me tomo tres pastillas diarias, pensando que me voy a curar más rápido. Simplemente no solo que no me van a curar sino que también me van a hacer daño. De la misma manera pasa con los preceptos del judaísmo, porque cada precepto tiene su propósito y su enseñanza, pues cuando D-os lo ordenó lo hizo con mucho pensamiento y precisión, y si hago más o menos entonces no voy a conseguir su propósito.

AHUYENTAR LA MADRE
Y TOMAR LA CRÍA

"Si se te presenta un nido en tu camino y quieres tomar los huevos o las crías, no puedes tomarlos frente a la madre, sino que debes ahuyentarla y tomarás los huevos o las crías" (*Deuteronomio* 22,6-7).

Según las opiniones más aceptadas en la *Halajá*, el caso que presenta la Torá es que si uno quiere o necesita llevar los huevos o las crías entonces hay una orden que prohíbe tomarlos en presencia de la mamá. Muchas personas piensan que la *mitzvá* en sí misma es llevar los huevos o las crías, porque está escrito en la Torá que asegura una larga vida. Por eso, muchos los agarran y después los botan. Como opina la *Halajá*, no es a esto que se refiere la Torá.

El significado de esta *mitzvá* no es solo generar en nosotros el sentido de misericordia, aunque la Guemará dice que uno no puede decir a D-os: "Ten misericordia de mí igual como de la madre de estas crías (se refiere a la paloma)", porque la Torá no es un sentimiento más, sino decisiones divinas. Esto significa que no debemos pensar que D-os ordenó esta *mitzvá* por motivos sentimentales, sino porque él lo decidió de manera intelectual y llegó a la conclusión de que no se pueden tomar las crías frente a sus madres. Sin embargo, si uno adquiere la misericordia con análisis intelectual entonces es correcto, porque así va a utilizarla de manera justa y adecuada.

Se puede mencionar que otra explicación de esta *mitzvá* es que en la vida muchas veces queremos conseguir y lograr cosas, pero no siempre lo hacemos con sensibilidad hacia al otro o a veces lo logramos a costa de los demás. Acá la Torá nos enseña que aunque quiera tomar los huevos o las crías, hay que hacerlo con sensibilidad, y nunca sin prestar atención, incluso al sentimiento de una paloma hacia sus crías. Esto genera en nosotros el entendimiento de que aunque tengo aspiraciones en la vida y metas por lograr, no puedo actuar sin compasión y rectitud.

MEZUZÁ

"Y los escribirán (y colocarán) sobre la puerta de tu casa" (*Deuteronomio* 11,20).

La *mitzvá* de la *mezuzá* consiste en que hay que poner un pergamino en la puerta de nuestra casa, así como en cualquier puerta de los cuartos y espacios sociales de la casa, en el que están escritos los dos primeros párrafos de "Shemá Israel". En este texto está escrito la fe y amor a D-os y la responsabilidad nuestra para formar la nueva generación y transmitir nuestra tradición. Es decir, que cuando ponemos la *mezuzá* en las diferentes puertas de la casa estamos fijando los principios mencionados en nuestro hogar y la *mezuzá* siempre será el recordatorio en cuanto a mi comportamiento y conducta de acuerdo a esos principios y valores.

La *mitzvá* es ponerla en cada puerta que hay en la casa para recordarnos que, no importa si estoy en el cuarto, en el salón o en la cocina, siempre tengo que aplicar estos conceptos y tener el comportamiento correcto y adecuado.

La *mezuzá* es una protección, pero no de ladrones sino de los conflictos que se nos presentan en la vida, y el recordar lo que está escrito en la *mezuzá* nos hace recapacitar y superar estos conflictos, evitando el error. Por eso, nuestros sabios dicen que cuando entramos o salimos de la casa besamos la *mezuzá*; obviamente que es por cariño a la *mitzvá*, pero también para hacernos recordar que cuando entramos o salimos hay que comportarse de acuerdo a unos valores y principios conforme a la tradición judía.

Un concepto parecido vemos en la orden de marcar las puertas con la sangre del sacrificio, que D-os le da al pueblo de Israel antes de salir de Egipto. Esta marcación le hace recordar al pueblo de Israel quién es y cuál es su identidad, de acuerdo a lo cual tiene que comportarse. De la misma manera, la *mezuzá* cumple este propósito de consentimiento y recordatorio de la conducta adecuada a nuestros valores y principios.

"Y a una mujer en el tiempo de su periodo no te acercarás físicamente" (*Levítico* 18,19).

Según el judaísmo, durante el tiempo del periodo de la mujer una pareja no puede tener contacto físico. Cuando termine su periodo la mujer tiene que esperar siete días sin ningún sangrado o manchas de sangre y luego de este proceso tiene que sumergirse en el baño ritual. Solo entonces le está permitido tener contacto físico con su marido.

Muchos se preguntan por qué la Torá nos limita de esta manera. Si ya nos casamos correctamente, ¿por qué hay un tiempo en el que no se puede tener contacto físico?

El significado de esta *mitzvá* tiene dos aspectos, el aspecto práctico y el aspecto filosófico-espiritual. El aspecto práctico es que, aunque una pareja esté casada, la Torá tiene la preocupación de que la rutina de la vida haga bajar el deseo de ambos y la conexión entre ellos. Por eso, la Torá nos dio una herramienta para ayudarnos a mantener siempre este "fuego" de amor, cariño y deseo mediante esta limitación. Saber que hay un tiempo en el que está permitido tener contacto físico y otro tiempo en el que no, hace que el deseo de uno por el otro se mantenga por muchos años. Aunque la mujer a cierta edad ya no tenga el periodo, y por lo tanto la pareja ya no necesita la separación, han formado un vínculo matrimonial sólido basado en el respeto y el amor.

Desde el aspecto filosófico-espiritual, esta *mitzvá* nos enseña que aunque el matrimonio nos lleve a tener contacto físico de forma permitida, la Torá nos quiere aclarar que esta relación no se puede basar en el contacto físico. Por eso hay un tiempo en que la pareja no puede tener contacto físico y en este tiempo tendrá una relación matrimonial basada en el amor, respeto espiritual y no material. Esto hace que el aprecio de uno por el otro no esté basado solo en lo que puede recibir físicamente, sino en la unión de sus almas y personalidades. Así se fortalece esta conexión y vínculo matrimonial por mucho tiempo.

Cuando el matrimonio está basado en lo material y lo que cada uno puede recibir del otro material y físicamente, entonces cuando alguno de la pareja tiene dificultad para complacer al otro, empiezan las discusiones e incluso la frustración, que hasta podrían llevar a la separación. Por esto el judaísmo nos quiere hacer saber que la vida matrimonial no está basada en lo puramente físico. Por eso hay un tiempo en el que uno no puede tener contacto físico con su pareja, y aunque en este momento ninguno puede complacer al otro físicamente, es una oportunidad para fortalecer esta relación en forma profunda y sólida, sin la expectativa de complacer al otro. Así, aun cuando llega el tiempo en el que uno no puede dar al otro lo que pide, esta situación no los lleva a una discusión y separación sino a completarse uno al otro.

LAVADO DE MANOS EN LA MAÑANA

"Hay que lavar las manos en la mañana y decir la bendición *Al netilat yadaim*" (*Shulján Aruj, Oraj Haim* 4,1).

Cada mañana cuando nos despertamos decimos *Modé aní*, agradeciendo a D-os por un día más de vida que nos da, y después nos lavamos las manos con un objeto, tres veces cada mano en forma intercalada.

Cuando uno duerme no controla lo que sus manos tocan, por eso hacemos *Netilat yadaim* (lavado de las manos) en la mañana, por si hemos tocado involuntariamente una parte sucia de nuestro cuerpo.

De acuerdo a nuestros sabios hay una explicación espiritual al respecto, y es que en la noche mora sobre nosotros una impureza y para quitarla en la mañana nos lavamos las manos.

Cuando dormimos, una parte de nuestra alma sube al cielo y quedamos con una dosis menor de nuestra alma. Esta falta de espiritualidad causa un vacío en la persona, que permite que la impureza more en ella. Es decir, que el hecho de que en la noche la persona tenga "menos alma" ocasiona que haya menos contenido y por lo tanto menos espiritualidad y pureza, por eso mora en este espacio la impureza.

De acuerdo a lo anterior, podemos entender por qué a través de lavarnos las manos se quita la impureza: porque la impureza se concentra en las manos, que representan el "hacer". Cuando uno duerme, práctica y espiritualmente (de acuerdo a lo anterior) está impidiendo la acción; la falta de hacer y actuar causa un vacío y trae la impureza, y esto se refleja en las manos. Por eso, lavar las manos de la forma mencionada quita la impureza y nos permite nuevamente tener la dosis espiritual anterior y poder actuar.

Por esta razón dicen nuestros sabios que lo primero que tenemos que hacer en la mañana, antes de cualquier otra cosa, es lavar la manos para quitar la impureza y poder actuar correctamente con pureza y elevación.

REZO

"Servir a D-os con todo corazón. ¿Cuál es el servicio a D-os con el corazón? Es el rezo" (*Guemará Taanit* 2A).

Uno de los rituales más comunes en el judaísmo es el rezo. Del versículo mencionado nuestros sabios aprenden que el rezo es un servicio a D-os por medio del corazón, es decir, que es un servicio profundo e interno. ¿Qué es tan especial en el rezo? ¿Por qué es tan importante el rezo? Para poder contestar estas preguntas tenemos que explicar por qué y para qué rezamos, qué tratamos de lograr por medio del rezo. ¿Intentamos cambiar la opinión y decisión de D-os?

Esta pregunta la hace Maimónides y explica que el rezo no es para causar cambio en D-os, sino para causar un cambio en nosotros mismos. El rezo tiene un efecto en nuestra persona que provoca una transformación; ahora hay una persona diferente delante de D-os y le pido que analice de nuevo cualquier decreto sobre mí porque ya no soy la misma persona.

De acuerdo a lo anterior vemos que el rezo causa una autorreflexión, lo que nos hace recapacitar y conocernos en forma más verdadera y profunda, para poder corregir nuestros defectos y mejorar nuestras cualidades. El rezo es una meditación de encuentro conmigo mismo y con la "chispa divina" que hay en mí.

El rezo también tiene un texto que nos hace entender cuáles son las cosas significativas de nuestra vida en todos los aspectos. Incluso cuando uno pide por algo o alguien en el rezo, esta petición, aparte de estar dirigida a D-os, también lo lleva a nuestra conciencia y entendemos lo importante que es para uno. Y a partir de ese conocimiento vamos a hacer todo lo que esté de nuestra parte para llevar a cabo esta petición. Por ejemplo, si uno pide por la salud de sus hijos, aunque confíe en la intervención de D-os esa conciencia lo va a llevar a tomar todas las acciones que estén en sus manos para mantener la salud de los hijos.

El rezo es una herramienta de meditación que nos lleva a la reflexión y nos ayuda a conocer y entender lo que es de verdad importante para nosotros, para concentrarnos y enfocarnos en esto.

ALIMENTACIÓN

"(…) si desearas comer carne con todo el deseo de tu alma, comerás carne" (*Deuteronomio* 12,20).

En el judaísmo existen limitaciones en la alimentación, de las cuales la más común y conocida es la comida *kasher*, que nos hace adquirir el autocontrol. De otro lado, existen alimentos que, aunque son *kasher* y aptos, se nos sugiere no consumirlos.

La Torá nos enseña que la alimentación tiene una influencia en la parte espiritual. Hay comidas que aunque son permitidas, como el corazón de pollo, hígado, etc., sin embargo hay rabinos que dicen que es mejor evitar su consumo, porque son órganos que pueden generar en uno crueldad o tentación de acuerdo a sus características. No es una prohibición pero en esta orientación vemos que los rabinos entienden que hay una conexión e influencia entre la alimentación y la personalidad.

De la misma manera en que hay alimentos prohibidos por decreto divino, también hay alimentos que causan un perjuicio de salud y no pueden ser consumidos debido a la orden divina de cuidar nuestro cuerpo. El significado de esto es que por medio de esta orden uno entiende que lo saludable es más importante que lo rico y lo que da placer, porque mi vida y mi salud es más importante que un placer momentáneo. Esto me enseña a formar y fijar un orden de prioridad correcta, de acuerdo al cual tomaré decisiones en mi vida según mis inclinaciones y valores.

En conclusión, vemos que la alimentación tiene influencias sobre mi espiritualidad, no solo desde el punto de vista místico sino también práctico, es decir, que la restricción en la alimentación me enseña que a veces tengo que rechazar el deseo del cuerpo o la tentación, porque hay cosas más importantes en la vida, como la salud, los principios y los valores. Esta limitación me enseña a manejar los conflictos en la vida y a adquirir el autocontrol para tomar decisiones correctas y coherentes.

"(…) qué pide D-os de ti (…) ser recatado con D-os tu D-os" (*Mija* 6,8).

El judaísmo da mucha importancia al recato en general y al recato de la mujer en particular. A veces nos preguntamos por qué la Torá pide a la mujer ser recatada. Si es para no incitar al hombre, entonces este debe aprender a controlarse y así no perjudicamos a la mujer. Pero hay que aclarar que este no es el motivo por el cual la mujer tiene que ser recatada. La razón es que el judaísmo quiere defender y hacer respetar a la mujer, lo que significa que si la mujer no es recatada, lo visible y notable es su parte externa corporal, y esto puede ocultar su parte interna espiritual, es decir, no queremos que alaben o valoren a la mujer por su cuerpo y parte externa, sino por su personalidad y parte interna. Lamentablemente, vivimos en un tiempo en el que se utiliza el cuerpo de la mujer para promover mercadeo, y esto es una falta de respeto hacia ella, porque la mujer no es un objeto más sino una persona muy importante y apreciada.

El rey Salomón dice "la mentira de la gracia y la vanidad de la belleza, la mujer temerosa de D-os ella se alabará" (*Proverbios* 31). Nos enseña el rey Salomón que cuando la gracia y belleza externa están desconectadas de la belleza interna entonces es mentira y vanidad, porque la parte externa vino a ocultar lo interno.

Pero cuando hay conexión entre ellas y la belleza externa va junto con la pureza interna, es una bendición.

En resumen, el concepto de recato (*tzeniut*) no es para someter ni ocultar a la mujer sino, al contrario, para protegerla, para que no se evalúe por su parte externa sino por la interna, y cuando se aprecia la parte interna también la externa, en forma recatada, recibe su valor e importancia.

En el judaísmo siempre se nos enseña que no hay que fijarse en el exterior de las cosas ni de las personas, sino en lo interno, y por el contenido lleno y positivo que uno lleva lo van a respetar y apreciar. Y esto no es solo para no engañar a los demás, sino para no engañarse a uno mismo, viviendo una vida de autoengaño, dedicado solo a la parte externa, sin trabajar en la parte interna y la personalidad. Porque solo enfocándonos principalmente en la parte interna vamos a poder llevar a cabo nuestro potencial verdadero.

ROPA FEMENINA Y MASCULINA

"No usará una mujer ropa de hombre y el hombre no usará ropa de mujer" (*Deuteronomio* 22,5).

Está prohibición, aunque está relacionada con el concepto de recato, tiene un significado más, y es que la Torá quiere diferenciar entre los géneros, para hacernos entender que el hombre y la mujer son diferentes. Sin embargo, logran complementarse uno al otro en la sociedad y también en el matrimonio.

La Torá lo enfatiza a través de la vestimenta, que todos necesitan y utilizan, pero la idea es más profunda. El mensaje es que tanto el hombre como la mujer conozcan sus virtudes y cada uno se realice de acuerdo a su ser y carácter.

Muchas veces como sociedad tratamos de borrar estas diferencias, pensando que beneficiamos a una parte, pero lo que hacemos es causar daño, al modificar la esencia de cada uno. La mujer, que es muy sensible, menos cruel, hoy en día, debido a la competencia entre los géneros, ha modificado esta sensibilidad. Esto es exactamente lo que la Torá y el judaísmo quieren evitar, y es que al establecer una competencia entre ambos e igualar a los dos géneros, no solo se modifican las diferencias individuales, sino que también se cambia lo esencial de cada género para realizarse, aportar y mejorar el mundo y completarse mutuamente.

Por eso, la Torá resalta la diferencia a través de la vestimenta apropiada y particular de cada género, con el fin de hacernos entender que son diferentes por esencia, algo que no hace a uno de los géneros mejor o peor, sino especial y diferente del otro. Al aceptar y abrazar esas diferencias se puede establecer un trabajo en equipo para el progreso y mejoramiento de cada uno como personas y de la sociedad y el mundo.

"Y traerás un sacrificio en la mañana y otro en la tarde" (*Éxodo* 29,39).

En tiempos de la Torá uno de los rituales más comunes eran los sacrificios. El concepto de realizar sacrificios, como lo explican muchos sabios, es que el sacrificio causa una reflexión a quien lo ofrece y esto lo lleva a corregir sus errores y a mejorar como persona.

En su libro *Guía de los perplejos*, Maimónides dice que el hecho de que D-os ordenara el servicio con sacrificios se debió a que cuando D-os entregó la Torá (año 2448 de la creación) ya en el mundo se había practicado esta forma de servicio a los dioses por miles de años. Por lo tanto, si D-os hubiera dicho al pueblo de Israel, que era parte de la humanidad, que desde entonces ya no se podrían hacer rituales por medio de los sacrificios, ninguno hubiera hecho caso a esta orden divina. Por eso D-os dijo: dejo esta forma de ritual pero bajo mis condiciones y mis orientaciones.

De acuerdo a la explicación de Maimónides, podemos decir que D-os supuestamente "se adaptó" a la realidad que existía y puso sus reglas. Es muy difícil decir eso, pero esta explicación nos enseña una lección muy valiosa en el tema de educación. Muchas veces cuando tenemos una discusión o diferencias con alguien, desde el principio de la conversación ya sabemos que el otro lado no nos va a escuchar y mucho menos va a aceptar lo que decimos o pensamos, en estos casos existe la posibilidad de insistir con el otro lado pero al final no va a haber un acuerdo. Sin embargo, hay otra opción, y es decir al otro lado que aceptamos lo que dice, pero bajo ciertas condiciones. Cuando le digo que "acepto" esta respuesta causa que automáticamente caiga la pared que nos separaba y ahora podemos hablar y lograr que me escuche.

Es como cuando un niño quiere dulces en un momento inadecuado; podemos negárselo pero sigue llorando y quejándose, sin embargo, si le decimos que le daremos el dulce más tarde o mañana se va a tranquilizar. Porque cuando oye "sí te lo voy a dar" ya su mente está más abierta a escuchar y ahora le podemos decir "te lo daré más tarde" y lo va aceptar. Igualmente pasa con el tema de los sacrificios, y es que cuando la persona está hundida en una tentación es muy difícil hablarle, pero cuando lo paso a "mi territorio" entonces puedo hablarle y ponerle mis condiciones para no perderla.

Según Maimónides, D-os lo hizo con el pueblo de Israel para que no se desviara por la idolatría. D-os le dijo que aceptaba los sacrificios pero bajo su criterio, condiciones y ritual.

"Si un hombre tuviera un hijo rebelde (…)" (*Deuteronomio* 21,18).

La Torá nos dice que si alguien tiene un hijo rebelde, que no hace caso a sus padres, entonces estos tendrán que llevarlo al tribunal para que lo juzguen y le apliquen pena de muerte. Cuando uno presencia esta ley puede preguntarse cómo alguien puede recibir la pena de muerte por desobedecer a sus padres, y más aún, debido al reclamo que estos hicieron.

La Guemará (*Sanedrín* 71A) dice que realmente nunca ocurrió este caso de un hijo rebelde y lo que la Torá escribió es para el estudio teórico y no práctico. Pero ¿cuál es la enseñanza?

La Guemará nos dice que es muy difícil que exista el caso de un hijo rebelde al extremo que los padres vayan a entregarlo al tribunal para que le apliquen pena de muerte, porque hay muchas condiciones para que el niño se considere "hijo rebelde". Esto nos enseña que nuestra responsabilidad como padres es tan grande y eterna que casi nunca podemos rendirnos en la educación de nuestros hijos, ni mucho menos entregarlos al tribunal y decir que "ya no podemos más". Esto solo puede pasar en casos tan extremos, que según la Guemará nunca ocurrió, es decir, que nunca podemos darnos por vencidos con nuestros hijos ni con su educación.

La educación de nuestros hijos desde siempre está basada en que hay una luz de esperanza para educar, guiar y formarlos. A veces los vemos actuar muy mal pero casi nunca llegamos al punto de decir que ya no hay nada que hacer, sino que siempre hay que asumir la responsabilidad con esperanza y mucha fe, y con la fuerza de voluntad de querer educarlos. Nunca debemos permitir que la pereza nos engañe y nos manipule, diciéndonos que ya hicimos todo lo posible con nuestros hijos, al contrario, hay que mantener siempre la esperanza. Esto hace que nunca nos demos por vencidos en la educación y orientación de nuestros hijos, sino que siempre hay que depositar en ellos la fe y la confianza para guiarlos en progresar, realizarse y tener prosperidad.

INAUGURACIÓN DE LA CASA

"Hay una bonita costumbre de hacer la inauguración cuando uno compra una nueva casa" (*Yalkut Yosef*).

Cuando uno compra o construye una nueva casa, y aun cuando la alquila, al entrar a la casa hace una reunión ofreciendo una comida y diciendo unas palabras de la Torá, después lee un texto e inaugura la casa. Algo muy parecido a lo que hizo el pueblo de Israel cuando terminó la construcción del Tabernáculo y posteriormente el rey Salomón cuando inauguró el Templo, que es como la casa de D-os.

El significado de la inauguración de la casa nueva (*Janucat Habait*) es que en el momento de la inauguración estamos concientizando que esta casa no sea solamente el lugar donde podemos vivir y tener un techo, sino que también va a servirnos para nuestro crecimiento personal, familiar y espiritual en todos sus aspectos. Por medio de llenar este hogar de contenido positivo, que consiste en valores, principios, tradiciones y todo lo necesario para poder utilizar el hogar de manera correcta y adecuada.

De forma similar, cuando compramos una olla o utensilios que no fueron fabricados por judíos hay que llevarlos al baño ritual para sumergirlos. El significado es que nosotros le damos un contenido y asignación diferente al del fabricante, que ve la olla y los utensilios solo como objeto para la cocina, pero no le importa el fin. En el judaísmo pasa lo contrario, nos dicen que aparte de ser un objeto para cocinar, este tiene adicionalmente un fin espiritual, y así le damos un significado diferente a la olla u otro utensilio y de acuerdo a este fin espiritual vamos a cocinar y a comer de ahí. Lo mismo pasa con la casa cuando la inauguramos: llevamos a nuestra conciencia el pensamiento de que esta casa esté llena de bendición con valores, principios y comportamiento adecuado y correcto. Así la santificamos y la convertimos en un hogar de la presencia divina, que nos puede servir no solo para vivir, sino también para crecer y progresar en todos los aspectos de la vida.

EL SACRIFICIO DEL LEPROSO
(METZORÁ)

"Y ordenará el *cohén* al leproso después de haberse purificado traer dos palomas como sacrificio" (*Levítico* 14,4).

La Torá dice que cuando una persona tiene lepra y el *cohén* declara que es lepra que fue causada por una falta espiritual de *lashón hará* (hablar mal del prójimo), entonces el enfermo es declarado persona impura. Cuando termina el proceso de purificación tiene que traer un sacrificio que consiste en dos palomas, a una la degüellan y a la otra le untan la pata en la sangre de la paloma degollada y la sueltan. ¿Cuál es el significado de este sacrificio y cuál es su relación con el leproso?

Como mencionamos anteriormente, la lepra es una consecuencia de haber transgredido la prohibición de *lashón hará*. Dicen nuestros sabios que el leproso trae palomas porque la paloma siempre "habla" y acá la Torá le dice que él se comportó igual a la paloma, hablando sin controlarse. Por eso, la trae y la degüellan, para decir que hay que eliminar este "hablar negativo", porque el hablar mal es rechazado en el judaísmo.

Pero entonces uno puede decir que "no hablo nada más y mantengo la boca cerrada" para evitar las palabras negativas, sin embargo, la Torá nos dice que así como es malo hablar mal del otro, también es malo dejar de hablar bien de los demás. Es tan importante hablar bien de los demás para engrandecer su nombre, que está prohibido hablar bien en presencia de sus enemigos, pues esto puede causar que para refutar lo dicho se caiga en palabras negativas. Por esta razón, hay que tener otra paloma que represente el "hablar permitido", pero antes de soltarla hay que untar su pata con la sangre de la paloma degollada, que representa el "hablar prohibido", para que siempre recuerde que no puede mezclar las palabras positivas con las negativas.

Este sacrificio nos enseña cómo manejar algo tan valorable en el ser humano, el hablar, y ver cómo se puede equilibrar entre cuidar la boca y cerrarla cuando es necesario, para no hablar mal de nadie, pero de otro lado, ver cómo utilizar la boca para expresar palabras positivas y correctas.

NO CODICIAR

"(…) no codiciarás la mujer de tu prójimo ni su esclavo (…) y todo lo que pertenece a tu prójimo" (*Éxodo* 20,14).

El último de los diez mandamientos es "No codiciarás". Cuando analizamos, este mandamiento lo que nos ordena es cómo sentir, es decir, cuando codicio algo del otro, aunque no hice nada al respecto y solo "lo sentí", ya cometí la transgresión. Surge la pregunta de cómo la Torá nos puede ordenar cómo sentir. Entiendo cuando la Torá nos ordena hacer algo o no hacerlo, pero cómo sentir es algo que no está dentro de nuestro control.

En la Torá hay varias obligaciones relacionadas con el sentimiento: "amar al prójimo", "no odiar al prójimo", ¿cómo podemos aplicarlos en la vida diaria? ¿Cómo podemos controlar nuestros sentimientos?

Por medio de estos preceptos la Torá nos enseña que en el judaísmo no hay separación entre la mente y el sentimiento, sino que están totalmente conectados. También el sentimiento tiene que ser encauzado por la mente y el intelecto para que de esta manera podamos guiar y controlar nuestro sentimiento.

Es decir, el sentimiento no es algo desconectado de la mente ni tampoco es incontrolable, sino que tener un sentimiento negativo o positivo también es una consecuencia de un análisis intelectual, que nos ordena cómo sentir hacia una situación o persona. Por eso, la Torá nos dice que es posible evitar este sentimiento por medio de analizar la situación y llegar a la conclusión de que no es correcto tener codicia u odio. De esta manera la mente ordena al sentimiento no tener tal sentimiento negativo.

Nuestros sabios dicen que no se puede interrumpir entre el *tefilín* de cabeza y el del brazo, lo que significa que no se puede separar entre la mente y el sentimiento y la emoción, sino que estos también tienen que ser dirigidos y orientados por la mente.

En estas *mitzvot* vemos la exigencia del judaísmo de controlar también los sentimientos y las emociones, reconociendo la fuerza que tiene la mente en guiar no solo los pensamientos y acciones, sino también los sentimientos y emociones.

"No harás tatuajes sobre tu cuerpo" (*Levítico* 19,28).

La Torá prohíbe hacer tatuajes sobre cualquier parte del cuerpo. A veces pensamos que es porque hacemos daño a nuestro cuerpo pero es difícil decir que esta es la razón, porque vemos por ejemplo que cuando se ponen aretes también hacemos "daño" o causamos dolor a nuestro cuerpo y no está prohibido.

Igualmente podemos decir que está prohibido por motivos de idolatría, pero sería difícil sostenerlo, porque si uno quiere hacerse tatuajes de un versículo de la Torá también estaría prohibido. Por eso, debemos mencionar que la razón por la cual está prohibido hacerse tatuajes es más por un concepto espiritual educativo.

La Torá nos enseña que el judaísmo no busca enfatizar lo exterior de mi personalidad sino trabajar siempre sobre la parte interna, que es lo que daríamos a conocer a los demás. Porque si nos concentramos en lo exterior podemos causar un perjuicio, de un lado el abandono de la recapacitación en mi parte interna y por otro lado, la parte exterior hará "sombra" a mi personalidad y mi parte interior. Así voy a vivir una vida de autoengaño, sin transparencia ni honestidad conmigo mismo.

Con respecto a los tatuajes, es un acto que va totalmente a lo exterior, incluso si es una ideología, pero el judaísmo no lo ve bien porque no quiere que la persona se concentre en lo exterior, como dice la Mishná: "Habla poco y haz mucho" (*Avot* 1,15). Es decir, no hagas tanto ruido con palabras, sino sé práctico y muestra tus valores, ideología y creencia por medio de acciones, actitud y práctica.

SANTIFICAR EL MES

"Este mes será para ustedes el comienzo de los meses" (*Éxodo* 12,2).

La primera *mitzvá* que recibe el pueblo de Israel como pueblo antes de salir de Egipto es la de santificar el mes. Esta *mitzvá* consiste en que cuando empieza el mes, que es cuando vemos aparecer la luna nueva, lo cual marca el principio del mes, santificamos el mes anunciando que es el primer día del mes. Con base en esta *mitzvá* se formó el calendario hebreo, que es una combinación entre el año solar y el lunar. ¿Por qué D-os entregó este precepto primero y antes de salir de Egipto? ¿Cuál es el significado de esta *mitzvá*?

El pueblo de Israel estaba a punto de dejar Egipto, salir de la esclavitud a la libertad, pero D-os quiere que mediante esta *mitzvá* se aclare al pueblo de Israel qué significa la libertad desde el punto de vista del judaísmo.

A veces pensamos que libertad es la posibilidad de hacer lo que queramos, pero la Torá nos enseña que libertad es ser fiel a sus principios y hacer verdaderamente lo que uno cree de acuerdo a sus valores y principios.

Por eso, D-os dice al pueblo: ustedes van a salir de la esclavitud de Egipto pero sepan que "afuera" van a tener el compromiso de actuar de acuerdo a una cultura y unos principios. Para ser libres tendrán que defenderlos y actuar de acuerdo a ellos.

La *mitzvá* de santificar el mes permite que el calendario judío esté formado por el año lunar y el año solar, combinando entre los dos, pero con una potestad de los sabios para "manipular" el calendario e incluso fijar los días de fiesta de acuerdo a su entender y criterio. En otras palabras, de la manera en que ellos supuestamente "manipulan" el tiempo y fijan cuál va a ser el contenido del tiempo, deriva si va a ser día sagrado o profano.

Esta *mitzvá* nos enseña que nosotros somos los "dueños" del tiempo, en el sentido de cómo utilizarlo y en qué llenarlo. Cuando uno es dueño del tiempo entonces puede santificarlo, y no solo el tiempo, sino cualquier cosa en su vida, llenándolo de contenido correcto y adecuado.

Esta *mitzvá* nos hace entender la fuerza que tenemos en santificar cada cosa mundana y llenarla de contenido positivo.

IDOLATRÍA

"No harás para ti ninguna estatua ni imagen" (*Éxodo* 20,4).

La prohibición de idolatría aparece muchas veces en la Torá y el judaísmo lo considera tan grave, que Maimónides en su libro *Guía de los perplejos* dice que el eje principal de las *mitzvot* es alejarse de la idolatría.

¿Cuál es el mensaje de esta *mitzvá* para nosotros hoy en día, cuando la idolatría es menos común? Siempre pensamos que el concepto de idolatría significa tener una estatua y servirle o postergarse delante de ella, pero verdaderamente idolatría significa algo mucho más amplio: es dar importancia y estatus elevado a algo que no le corresponde. Lo más común es con respecto a D-os cuando lo reemplazamos con otro, entonces estamos idolatrando a un "D-os" al que no le corresponde este servicio y por eso se considera idolatría. Pero también existe en otros ámbitos de la vida, cuando le damos importancia a algo que no lo tiene y de acuerdo a esto tomamos una decisión inadecuada; entonces, en este aspecto soy un idólatra.

Es decir, que el judaísmo nos prohíbe la idolatría, que significa dar importancia a lo que no lo es, para enseñarnos y ayudarnos a formar un orden de prioridad correcto.

Si sabemos definir la importancia que debemos dar a cada cosa y entendemos la necesidad de hacer un orden de prioridades correctas de acuerdo al orden de importancia, podremos tomar decisiones correctas. La mayoría de las veces que nos equivocamos en la forma de tomar decisiones, es porque damos importancia a cosas menos importantes o quitamos importancia a cosas que lo son, y así formamos un orden de prioridades equivocado que nos lleva a tomar decisiones incorrectas y no adecuadas a nuestras necesidades.

SANTIFICAR / PROFANAR EL NOMBRE DE D-OS

"Y me santificaré por medio del pueblo de Israel", "No profanarán mi nombre sagrado" (*Levítico* 22,32).

En este versículo la Torá nos ordena santificar el nombre de D-os en el mundo y prohíbe profanar el nombre de D-os. ¿Cómo puede uno santificar o profanar el nombre de D-os?

El judaísmo nos enseña que por medio de nuestro comportamiento y conducta podemos santificar o profanar el nombre de D-os, porque cuando uno actúa de manera positiva hace engrandecer el nombre de D-os y santifica Su nombre, pero cuando actúa de manera negativa hace profanar el nombre de D-os. Así lo fija Maimónides en su libro halájico *Yesodé Hatorá* (5,1).

La Torá nos enseña que cada uno de nosotros en cierta forma está representando el nombre de D-os en este mundo, sea dentro del pueblo de Israel o entre las naciones, y por eso cada una de nuestras acciones puede causar santificación del nombre de D-os o profanarlo. Tan grande es esta responsabilidad, que la Mishná dice: "Cada persona que es querida por las personas es querida por D-os y cada persona que es rechazada por los demás es rechazada por D-os" (*Avot* 3, 13).

Según lo que mencionamos podemos entender esta Mishná, y es que D-os obtiene su perspectiva sobre la persona viendo lo que piensan de ella los demás, porque cada uno representa el nombre de D-os. Cuando uno lo "representa" mal con su conducta negativa, entonces será rechazado también por D-os porque está perjudicando el nombre de D-os en el mundo, y cuando uno lo "representa" correctamente entonces es querido también por D-os, porque está engrandeciendo Su nombre delante de los demás.

Acá vemos que la *mitzvá* de santificar el nombre de D-os es una de las *mitzvot* más importantes que hay en el judaísmo y profanar su nombre es una de las prohibiciones más graves. De acuerdo a lo anterior, entendemos cuál es la responsabilidad que tenemos por nuestras acciones y la manera como las interpretan los demás.

El propósito general de cada uno de nosotros es santificar el nombre de D-os y llevar su nombre en alto y siempre hacer acciones que alaben su nombre y sus valores hasta hacer que la gente diga: "D-os y sus principios son verdad y ayudan al mundo". Cada uno lo hace de acuerdo a su personalidad y profesión, por eso, cuando uno fallece decimos *kadish* para elevar su alma, lo que significa que seguimos su "trabajo" santificando el nombre de D-os.

MUJER INFIEL (SOTÁ)

"Una mujer que fue infiel a su esposo…" (*Números* 5,12).

La Torá nos habla del caso en que una mujer sea sospechosa de infidelidad por su marido, por haber estado a solas con otro hombre. El marido le ha advertido que ella no puede estar más con esta persona a solas, pero ella se encuentra otra vez con él y hay testigos de este encuentro, sin embargo, no se sabe si la mujer tuvo relaciones íntimas con esa persona o no. La Torá dice que desde este momento la mujer está prohibida para su marido hasta que haga el proceso de "verificación", que consiste en tomar agua donde fue borrado un texto que lleva también el nombre de D-os. Si ella es culpable entonces morirá y si es inocente quedará embarazada. Hay que aclarar que si la mujer reconoce que fue infiel, simplemente se realiza el divorcio y no tiene que hacerse el proceso anterior.

Surge la pregunta sobre cuál es el propósito de este proceso. Muchas veces uno ve este texto y piensa que es algo que perjudica a la mujer.

Antes de explicar este texto, hay que aclarar varias *halajot*, que son, como escribimos anteriormente, que si la mujer reconoce la infidelidad entonces solo se divorcian y no hay que hacer el proceso. Asimismo, la mujer lo puede declarar durante todo el proceso hasta el momento de borrar el texto y el nombre de D-os. Dicen nuestros sabios que todo este proceso aplica y funciona solo si el marido también mantuvo la fidelidad, pero si él fue infiel, aunque no haya testigos, el proceso no funcionará.

Ahora bien, en este caso se trata de un vínculo matrimonial que se puede deshacer por falta de confianza entre la pareja. La Torá busca una mejor forma para salvar este matrimonio y recuperar la confianza entre los dos. Lo más fácil sería divorciarse, pensaría uno, pero sabemos que para el judaísmo el divorcio de una pareja es tan lamentable, que, dicen nuestros sabios, en ese momento hasta el altar saca lágrimas por esta separación. Por eso la Torá trata de evitar el divorcio y salvar este matrimonio.

En nuestro caso, cuando el marido ya la advirtió y perdió la confianza, entonces hay que hacer que la adquiera de nuevo. Para eso se hace una prueba tan fuerte, para mostrar al marido que la mujer es inocente, solo que en un momento ella actuó sin responsabilidad y él dejó que los celos lo controlaran. Cuando ella acepta hacer todo el proceso, está mostrando que todavía quiere mantener el matrimonio y que ella está segura de su inocencia, todo esto con la condición de que el marido siempre haya sido fiel a su mujer.

De acuerdo a lo anterior podemos entender lo que dice la Mishná: "Es tan importante la paz, que D-os aceptó que borraran su nombre solo para crear paz entre el marido y su esposa" (*Dérej Éretz*). Así entendemos que lo que la Torá quiere lograr por medio de este proceso no es humillar a la mujer, sino ver cómo salvar el matrimonio y hacerles adquirir de nuevo la confianza entre ellos, que es la base de un matrimonio y una pareja.

En esta *mitzvá* vemos la importancia tan grande que da el judaísmo al hogar judío y al vínculo matrimonial, tratando de mantenerlo y evitar la separación de la pareja.

NAZAREO (NAZIR)

"Hombre o mujer que hiciere una promesa de nazareo (…)" (*Números* 6,2).

La Torá nos relata que un hombre o una mujer pueden hacer una promesa de nazareo, que consiste en que no puede tomar vino, cortarse el pelo, ni impurificarse por los muertos.

Esta persona se llama nazareo (*nazir*) y la Torá dice que durante todo el lapso de su promesa él se considera santo, pero de otro lado nos dice que cuando se termina el tiempo de su promesa entonces tiene que traer dos sacrificios: uno es el sacrificio del nazareo y el otro es un sacrificio para expiar su pecado por haberse prohibido cosas permitidas. Surge la pregunta de cómo puede ser que lo llaman santo y después tiene que traer un sacrificio de expiación.

En esta *mitzvá* la Torá nos enseña que está prohibido abstenerse de lo permitido sin necesidad. Significa que el judaísmo nos orienta que si D-os lo creó y lo permitió entonces tiene su fin y objetivo y yo tengo que ver y verificar cómo utilizarlo de la mejor forma. Sin embargo, hay momentos en la vida que uno siente la necesidad de abstenerse de algo permitido, porque tiene la preocupación de que podría desviarlo o perjudicarlo espiritualmente. Esta decisión está avalada por el judaísmo, pero con el conocimiento de que no es el camino ideal, sino como una etapa de tratamiento y rehabilitación. Por eso cuando el nazareo termina el lapso de promesa tiene que traer un sacrificio de expiación, para hacerle entender que durante ese tiempo él cometió un error, que puede ser que era necesario para él, pero no es el camino correcto que la Torá quiere de nosotros.

El judaísmo no es una religión que trata de desconectarnos de la vida cotidiana, de la vida real, sino que nos da las herramientas para llevar una vida más correcta y equilibrada en nuestro mundo.

"Cuando salgas a la guerra contra tu enemigo… y entre los cautivos vieras una mujer bonita y quieras casarte con ella, puedes llevarla como tu mujer" (*Deuteronomio* 21,11).

La Torá nos dice que uno podía tomar como esposa a una mujer cautiva en la guerra, solo tenía que hacer el proceso de dejarla sin arreglarse durante 30 días, cambiar las ropas con las que la hizo cautiva y si después 30 días todavía la quería como esposa podía casarse con ella.

Rashí dice que la Torá permitió lo anterior porque si no lo hubiera permitido, lo habrían hecho en forma prohibida. Surge la pregunta de cómo puede ser que la Torá esté negociando sus principios solo por una debilidad humana. Lo que tenía que decir es que está prohibido y punto.

En esta ley la Torá nos enseña que siempre buscamos hacer caer en cuenta a la persona que está cometiendo un error, y así va a recapacitar y a alejarse del error. En la mayoría de los casos no se permite nada por simple debilidad humana, sino que se espera que la persona tenga el autocontrol suficiente para evitar el error. Pero hay casos en los que la Torá reconoce la naturaleza humana y acepta que en estos casos es muy difícil decir a la persona que algo está prohibido y punto, y en su lugar busca la mejor forma de salvarlo del error.

En el caso de la guerra, la Torá reconoce que es muy fácil que el soldado que está en la batalla caiga en la seducción de las mujeres del enemigo, porque su instinto masculino está muy fuerte en esta ocasión. Por eso la Torá sabe que si le dice que está prohibido no le va a escuchar y no va a poder evitar el error, pero si le dice que está permitido bajo las condiciones de la ley judía, entonces su instinto se tranquiliza y ya la persona empieza a entrar en razón.

En este momento la Torá le dice: llévala a tu casa, cámbiale la ropa con la que te sedujo, déjala 30 días sin arreglarse y así su belleza física desaparece y en este momento tienes que tomar la decisión de si todavía la quieres o no. Lo que la Torá está haciendo aquí no es negociar sus principios, sino utilizar psicológicamente la debilidad del hombre para ver cómo le hace recapacitar y evitar el error.

En este caso el judaísmo nos da una herramienta muy importante de educación, y es que siempre el mejor camino es ver cómo podemos llegar a evitar el error por medio de hacer entrar en razón a la persona. Incluso cuando vemos que la persona está muy manipulada por la tentación. Entonces hay que buscar la forma de hacerle pensar que supuestamente ya le permití lo prohibido y así hago que la tentación deje de manipularla. En este momento puedo hablarle con más razón y evitar que cometa el error, lo que no pude hacer anteriormente.

"Esta Torá que te estoy ordenando hoy,
no está en los cielos (…) ni en el otro lado del mar,
sino muy cerca de ti" (*Deuteronomio* 30,11-14).

CONTENIDO